Cahier d'exercices

NIVEAU 1

LIGNE DIRECTE A1

CD-ROM INCLUS

Valérie Lemeunier
Ilham Binan
Sophie de Abreu
Aniko Palfalvi

didier

Table des crédits photographiques :

p. 7 : Graphi-Ogre/GéoAtlas ; **p. 8 :** Graphi-Ogre/GéoAtlas ; **p. 15 :** Robert Fried/Alamy/hemis.fr ; **p. 16 :** Graphi-Ogre/GéoAtlas ; Pascal Martin - Fotolia.com ; Pascal Martin - Fotolia.com ; **p. 18 :** Philippe Graille - Fotolia.com ; Sergiy Baranov - Fotolia.com ; Jérome Brquez - Fotolia.com ; digi-dresden - Fotolia.com ; **p. 22 :** (bd) William West/AFP ; (bg) Stéphane Cardinale/People Avenue/Corbis ; (hd) Eric Fougère/VIP Images/Corbis ; (hg) Emile Pol/Sipa ; (md) André Durand/AFP ; (mg) Stéphane Reix/For Picture/Corbis ; **p. 26 :** Albert Schleich - Fotolia.com ; Dauf - Fotolia.com ; tomas del amo - Fotolia.com ; chlorophylle - Fotolia.com ; Arnaud - Fotolia.com ; Jérome Delahaye - Fotolia.com ; ChantalS - Fotolia.com ; Dusan Zidar - Fotolia.com ; Laurent Hamels - Fotolia.com ; auremar - Fotolia.com ; **p. 27 :** Graphi-Ogre/GéoAtlas ; **p. 28 :** (bd) Didier Baverel/Kipa/Corbis ; (hd) Eric Fougère/VIP Images/Corbis ; (hg) Tipor Illyes/epa/Corbis ; (md) Eric Robert/Sygma/Corbis ; **p. 37 :** Dorling Kindersley/GettyImages ; **p. 46 :** Matthew Collingwood - Fotolia.com ; **p. 53 :** Myles New/Age Fotostock ; **p. 54 :** Graphi-Ogre/GéoAtlas **p. 55 :** Hervé Gyssels/Photononstop ; **p. 56 :** (bd) Lucie Pierret - Fotolia.com ; (bg) Chris Dave/age fotostock ; (bm) Foodfolio/age fotostock ; (hd) Roland Lux - Fotolia.com ; (hg) Fatman73 - Fotolia.com ; (hm) Jacek Chabraszewski - Fotolia.com ; (md) Matthew Collingwood - Fotolia.com ; (mg) margouillat photo - Fotolia.com ; (mm) Chlorophylle - Fotolia.com ; **p. 64 :** TAJ - Fotolia.com ; Sécurité Routière ; Alain Besançon - Fotolia.com ; Béatrice Prève - Fotolia.com ; **p. 70 :** (hg) Frédéric Cirou/age fotostock ; (bm) Meiko Arquillos/age fotostock ; (bd) Roberto Benzi/age fotostock ; (hg) Juice Images/age fotostock ; (hm) John Lund/age fotostock ; (bg) Imagesource/Réa ; **p. 83 :** ddraw - Fotolia.com ; **p. 92 :** Mau Horng - Fotolia.com ; André - Fotolia.com ; Paylessimages - Fotolia.com ; Gilles Paire - Fotolia.com ; tchebytchev - Fotolia.com ; **p. 94 :** Jiblah - Fotolia.com ; Roman Sigaev - Fotolia.com ; Izaokas Sapiro - Fotolia.com ; Pascal PIOT - Fotolia.com ; Elnor - Fotolia.com ; NLPhotos - Fotolia.com ; **p. 101 :** (1) Philophoto - Fotolia.com ; (2) Christophe Boisvieux/hemis.fr ; (3) Hugues Argence - Fotolia.com ; (4) artesenc- Fotolia.com ; (5) Guillaume Besnard - Fotolia.com ; (6) Nicolas Denis - Fotolia.com ; **p. 108 :** felinda - Fotolia.com ; abf - Fotolia.com ; Rob Bouwman - Fotolia.com ; Jérome Salort - Fotolia.com ; D. Vasques - Fotolia.com ; **p. 110 :** (bd) Emilia Stasiak - Fotolia.com ; (hd) bob - Fotolia.com ; (hg) BCaptured - Fotolia.com ; **p. 111 :** Jérôme Signoret - Fotolia.com ; pgm - Fotolia.com ; Marc Rigaud - Fotolia.com ; Matthew Collingwood - Fotolia.com ; **p. 112 :** Dmitriy Melnikov - Fotolia.com ; Ericos - Fotolia.com ; www.zoodyssee.org, avec tous nos remerciements,; (b3) Howard Shooter/GettyImages ; (b4) SM/AIUEO/Stone+/GettyImages ; (b5) Kazuhiro Tanda/Taxi Japan/GettyImages ; **p. 113 :** Albo - Fotolia.com ; Denis Pepin - Fotolia.com ; Lucie Pierret - Fotolia.com ; Laurent Renault - Fotolia.com ; Jérôme Signoret - Fotolia.com ; Marc Rigaud - Fotolia.com ; Matthew Collingwood - Fotolia.com ; (b4) FoodCollection/age fotostock ; (bg) Carol & Mike Werner/Age Fotostock ; (h3) Jonathan Kantor/Taxi/GettyImages ; (h6) Simon Mirrell/OJO Images/GettyImages ; **p. 114 :** Yves Beaujard © La Poste.

Illustrations :
Marie Voyelle : pp. 4, 27, 29, 34, 35, 61, 79, 80, 102, 103, 108, 109.

Nous avons recherché en vain les auteurs ou les ayants droit de certains documents reproduits dans ce livre.
Leurs droits sont réservés aux Éditions Didier.

Principes de maquette de couverture et intérieur : Laurence Hérédia
Mise en page : LNLE
Photogravure : IGS
Enregistrements, montage et mixage : En Melody
Illustrations : Marie Voyelle

éditions didier s'engagent pour l'environnement en réduisant l'empreinte carbone de leurs livres. Celle de cet exemplaire est de :
1,3 kg éq. CO₂
Rendez-vous sur
www.editionsdidier-durable.fr

PAPIER À BASE DE FIBRES CERTIFIÉES

© Les Éditions Didier, Paris 2011   ISBN 978-2-278-6919-4   Dépôt légal 6919/03

Achevé d'imprimer en France en juillet 2012 par Clerc

UNITÉ 1

VOTRE MISSION

→ SE FAIRE DES AMIS DANS LE MONDE

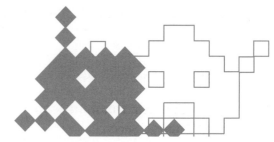

Je découvre la mission

Pour découvrir la mission :

→ j'écoute l'enregistrement et j'observe la photo de la page 11 de mon livre ;
→ je cherche des indices ;
→ j'écris les indices trouvés dans le cadre ;
→ je réponds aux questions :

– Qu'est-ce que c'est ?

– Qui sont les personnes qu'on entend ?

– Qu'est-ce qu'elles font ?

mes indices

....

....

....

Je prépare la mission

Pour me faire des amis dans le monde, je vais :

+ saluer ;
+ me présenter ;
+ demander des informations personnelles ;
+ donner des informations personnelles.

Qu'est-ce que je sais faire ?	Qu'est-ce que je vais apprendre ?

Je comprends

Pour compléter le trombinoscope de la classe de 6ᵉ A du collège international de Paris :

→ j'écoute les documents p. 12 de mon livre ;
→ je complète les fiches.

Collège international de Paris

Classe : 6ᵉA

Nom : TORINO

Prénom : Enzo

Nationalité :

Collège international de Paris

Classe : 6ᵉA

Nom : LEGRAND

Prénom :

Nationalité :

Collège international de Paris

Classe : 6ᵉA

Nom : BLONDEAU

Prénom :

Nationalité :

Collège international de Paris

Classe : 6ᵉA

Nom : BOLI

Prénom :

Nationalité : sénégalaise

Collège international de Paris

Classe : 6ᵉA

Nom :

Prénom : Julie

Nationalité : anglaise

Je découvre la langue

Transcription : document 1

ENZO : Bonjour les filles. Moi, c'est Enzo.
ZOÉ : Salut. Moi, c'est Zoé Blondeau. Je suis suisse. Et toi ? Tu es français ?
ENZO : Non. Je suis italien. Et toi ?
EMMA : Je m'appelle Emma. Je suis française.
ZOÉ : Et tu as quel âge ?
EMMA : 12 ans. Et toi ?
ZOÉ : Moi, j'ai 11 ans. Tu es en 5e ?

EMMA : Non, je suis en 6e.
ZOÉ ET ENZO : Moi aussi !
EMMA : Super !
JULIE : Coucou Emma !
EMMA : Salut ! Comment ça va ?
JULIE : Ça va bien.
Dring !

Transcription : document 2

Mme ROUX : Bonjour. Je m'appelle Mme Roux. Je suis votre professeur de français.
LES ÉLÈVES : Bonjour madame.
Mme ROUX : On va faire l'appel… Blondeau Zoé !
ZOÉ : C'est moi, madame.
Mme ROUX : Boli Tina. Elle est là ?
EMMA : Non, madame. Elle est absente.
Mme ROUX : Dombi David. Il est absent. Legrand Emma.
EMMA : Présente.
Mme ROUX : Mathieu Julie.

JULIE : Mathiew, madame : M A T H I E W. Présente.
Toc, toc
Mme ROUX : Entrez.
TINA : Bonjour madame. Excusez-moi, je suis en retard.
Mme ROUX : Comment tu t'appelles ?
TINA : Je m'appelle Tina Boli.
Mme ROUX : Bonjour Tina. Assieds-toi à côté de Zoé !

1 Pour découvrir la langue, je trouve dans les documents des exemples pour :

	Demander des informations personnelles	**Se présenter**	**Donner des informations personnelles**
Document 1	*Tu es français ?*	*Moi, c'est Zoé Blondeau.*	*Je suis suisse.*
Document 2	*Comment tu t'appelles ?*	*Je m'appelle Mme Roux.*	*Je suis votre professeur de français.*

2 **Pour compléter le tableau :**

→ je note mes découvertes (en bleu) ;
→ je note mes connaissances (en rose).

Pour…	Je peux utiliser :	Je connais aussi :
demander des informations personnelles	Comment + s'appeler ? _ _ _	
se présenter	Moi, c'est + prénom _ _ _	
donner des informations personnelles	Je suis + nationalité _ _ _	

Je m'entraîne

Rythme

1 Pour repérer les groupes rythmiques :

→ j'écoute les extraits ;
→ je sépare les groupes rythmiques par des barres obliques.

→ *– Salut. / Ça va ?*

1	Je suis Enzo, je suis italien et toi ?
2	Moi c'est Zoé Blondeau.
3	Je m'appelle Emma et je suis française.
4	Bonjour je m'appelle Mme Roux, je suis votre professeur de français.
5	David Dombi, il est absent.
6	Boli Tina, elle est là.

Accentuation

2 Pour comprendre comment on accentue en français :

→ je me mets debout avec mes camarades ;
→ je prononce la phrase en la « jetant » à un autre élève ;
→ j'ouvre la main quand je prononce la syllabe accentuée (en gras).

1. Ti**na**.
2. Tina Pe**rot**.
3. C'est Tina Pe**rot**.
4. C'est Tina Pe**rot**, elle est fran**çaise**.
5. Ti**na** ? Elle est ab**sente**.

Soupe de lettres

3 Pour compléter le tableau ci-dessous :

→ je reconstitue chaque nationalité ;
→ je classe chaque nationalité dans le tableau ci-dessous et j'ajoute
son féminin ou son masculin.

→ *P E A S L G O N*

1. A M R O A C I N
2. L E A M N D A L E
3. S S E R U
4. I E L N E A M N
5. O N I I S E H C
6. G N A I E R T N

	🧍	🧍
	→ *ESPAGNOL*	*ESPAGNOLE*
1.		
2.		
3.		
4.		
5.		
6.		

Les mots croisés des nationalités

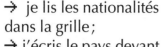 **4** **Pour retrouver les nationalités :**

→ je lis les nationalités dans la grille ;
→ j'écris le pays devant le drapeau correspondant.

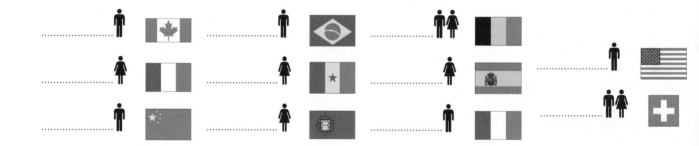

À la rentrée

5 **Pour compléter les présentations ci-dessous :**

→ j'utilise : *suis – ai – appelle*.

– Bonjour, je m'.................. Marc Bubert. Et toi ?

– Salut. Moi, je m'.................. Pedro Castro.
Je .... portugais et j'............ 12 ans. Et toi ?

– Moi, je .... français et j'..................
11 ans.

– Bonjour, je m' .... Céline Musset. Et toi ?

– Salut. Moi, je m'.................. Claudia Dragos.
Je .... roumaine et j'............ 13 ans.
Et toi ?

– Moi, je .... française et j'............ 14 ans.

La ronde des élèves

6 **Pour connaître le nom de mes camarades de classe :**

→ je lance la balle à un camarade ;
→ je lui demande son prénom ;
→ il me répond et on inverse les rôles.

→ *– Comment tu t'appelles ?*
– Je m'appelle Marius.

Le premier jour

7 **Pour retrouver le dialogue :**

→ je sépare les mots ;
→ je réécris la phrase avec la ponctuation.

a. c o u c o u j e m ' a p p e l l e a n i t a j e s u i s p o r t u g a i s e e t t o i

....

b. s a l u t m o i c ' e s t l u i g i j e s u i s i t a l i e n

....

c. j e s u i s e n 6e t o i a u s s i

....

d. n o n m o i j e s u i s e n 5^e

....

Le loto de 1 à 31

8 **Pour jouer au loto :**

→ j'écris des nombres entre 1 et 31 dans la grille ;
→ j'écoute les nombres prononcés ;
→ je coche les numéros entendus dans ma grille ;
→ je dis « Bingo » quand j'ai une ligne cochée.

Noms propres

9 **Pour trouver le nom épelé :**

→ j'écoute mon professeur ;
→ j'entoure le nom épelé.

ZABARDI	ZAVARDI	WILLIS	WILLYS
QUÉRÉ	QUÉLÉ	DORÉ	TORÉ
BOTERO	POTERO	JIMENEZ	GIMENEZ
SAVEX	SAFEX	CHAGALE	CHAKALE

La fiche d'inscription

10 **Pour compléter la carte de cantine :**

→ j'écris un nom, un prénom et une classe imaginaires ;
→ j'interroge mon voisin pour compléter sa fiche ;
→ on inverse les rôles.

→ *– Tu es en 6ᵉ ?*
– Non, en 5ᵉ.

CARTE DE CANTINE

Nom : ....

Prénom : ....

Classe : ....

CARTE DE CANTINE

Nom : ....

Prénom : ....

Classe : ....

L'âge

11 **Pour connaître l'âge de mon camarade :**

→ j'écris sur des cartes-réponses les chiffres 1, 2 et 3 ;
→ j'écris sur des cartes-réponses les chiffres de 0 à 9 ;
→ je demande son âge à mon camarade de classe ;
→ j'écoute sa réponse et je lève les fiches correspondantes ;
→ on inverse les rôles et on fait circuler les fiches.

→ *– Tu as quel âge ?*
– J'ai 17 ans.

Épeler

12 **Pour faire retrouver le nom d'un camarade :**

→ j'épelle son prénom et son nom.

→ *– P A U L M A R T I N E Z*
– Paul Martinez !
– Oui, c'est ça !

DÉFI : JE FAIS LE FICHIER DE MA CLASSE

Je comprends

Pour compléter le fichier des amis de Manon :

→ j'écoute et je lis les documents p. 14 de mon livre ;
→ je note les informations manquantes dans chaque fiche.

Mes contacts

Nom Rodriguez   **Prénom**

Adresse mèl   mrodriguez@telenet.fr

Adresse   18 rue Orfila Paris

Notes   Colombienne, 21 janvier 1999

Nom Torino   **Prénom**

Adresse mèl   milano3@mel.fr

Adresse   31, rue du Louvre Paris

Notes   , 15 septembre 2000

Nom Dombi   **Prénom**

Adresse mèl

Adresse

Notes   ,

Je découvre la langue

Transcription : document 1

MME ROUX : Voilà un nouvel élève. Il s'appelle David Dombi.

MANON : Bonjour David. Bienvenue. Je m'appelle Manon. Tu parles français ?

DAVID : Oui, je parle un peu français.

MANON : Quelle est ta nationalité ?

DAVID : Pardon ?

MANON : Je suis française. Et toi ?

DAVID : Je suis hongrois et j'habite à Paris.

MANON : Tu as quel âge ?

DAVID : J'ai 12 ans.

MANON : Moi aussi. Viens, je vais te présenter mes copains. Voilà Julie Mathiew, elle est anglaise ; Maria Rodriguez, colombienne ; Zoé Blondeau, suisse et Enzo Torino, italien. Et voilà le nouveau, David Dombi, il est hongrois.

DAVID : Bonjour !

TOUS : Salut David !

Transcription : document 2

DAVID : Manon, s'il te plaît, aide-moi. Le carnet de correspondance, je ne comprends pas !

MANON : Oui ? Qu'est-ce que tu ne comprends pas ?

DAVID : Ici, c'est mon nom, Dombi. Là, mon prénom, David. Ma classe, c'est la 6^eA. Et l'adresse ? C'est quoi ? Je ne comprends pas.

MANON : Tu habites où ? Quelle est ton adresse ?

DAVID : Ah, je comprends. J'habite à Paris, 30 avenue de l'Opéra. Et la date de naissance ? Qu'est-ce que c'est ?

MANON : J'ai 11 ans. Ma date de naissance, c'est le 14 juin 2000. Et toi ? Quelle est ta date de naissance ?

DAVID : Ah OK, ma date de naissance, c'est le 23 septembre 1999.

1 **Pour découvrir la langue, je trouve dans les documents des exemples pour :**

	Présenter quelqu'un	Demander des informations personnelles	Donner des informations personnelles
Document 1	*Voilà un nouvel élève.*	*Quelle est ta nationalité ?*	*J'habite à Paris.*
Document 2		*Tu habites où ?*	*J'habite à Paris, 30 avenue de l'Opéra.*
Document 3			

2 Pour compléter le tableau :

→ je note mes découvertes (en bleu) ;

→ je note mes connaissances (en rose).

Pour…	Je peux utiliser :	Je connais aussi :
présenter quelqu'un	(Et) **Voilà** + prénom – – –	
demander des informations personnelles	**Quelle est** + nom féminin ? – – –	
donner des informations personnelles	J'habite à + ville – – –	

Je m'entraîne

Lettres muettes

1 **Pour repérer les lettres muettes :**

→ j'écoute ;
→ je barre les lettres qui ne sont pas prononcées.
→ *Ell~~e~~ est belg~~e~~*

Elle parle russe – Il s'appelle Roméo – Tu parles grec – Salut – Elles parlent turc

Enchaînement

2 **Pour améliorer ma lecture en français :**

→ j'écoute les phrases ;
→ j'indique les enchaînements comme dans l'exemple : *Il s'appelle‿Arthur.*

1. Quelle est ton adresse ?

2. Tu habites où ?

3. Elle est japonaise.

4. Quelle est ta nationalité ?

5. Il a 14 ans.

6. Elle s'appelle Élise.

Pardon ?

3 **Pour faire connaissance avec un nouveau :**

→ j'invente un nom et un prénom ;
→ je me présente et je lui demande son nom et son prénom ;
→ il me répond très rapidement ;
→ j'indique que je ne comprends pas ;
→ il répète et épelle son nom ;
→ j'écris son nom et son prénom.

→ *– Je m'appelle Diego Rodriguez et toi ?*
– Moi, c'est #########.
– Pardon ?
– Ozgur Demirel, O Z G U R   D E M I R E L.

Les mois

4 Pour découvrir les mois de l'année :

→ j'observe bien les mots de la grille ci-dessous ;
→ j'écris le numéro du mot devant sa définition.

```
                                              ①      ........... 1er mois de l'année
                                  ②       A          ........... 2e mois de l'année
          ③            ④          J       O          ........... 3e mois de l'année
          N            M     ⑤    U       Û          ........... 4e mois de l'année
          O            A  ⑥  J  U  I  L  L  E  T      ........... 5e mois de l'année
⑦  F  É  V  R  I  E  R     A     N                    ........... 6e mois de l'année
          E            S     N                        ........... 7e mois de l'année
          M     ⑧   ⑨  A  V  R  I  L                  ........... 8e mois de l'année
          B     O         I                           ........... 9e mois de l'année
          R     C  ⑩      E                            ........... 10e mois de l'année
   ⑪  S  E  P  T  E  M  B  R  E                       ........... 11e mois de l'année
          O     A                                     ........... 12e mois de l'année
          B     I
          R
   ⑫  D  É  C  E  M  B  R  E
```

Un nouveau

5 Pour connaître Carlos :

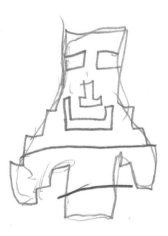

→ je relie la question à la réponse correcte :

a. Comment tu t'appelles ? ●   ● **1.** À Mexico.

b. Tu as quel âge ? ●   ● **2.** Je suis mexicain.

c. Quelle est ton adresse électronique ? ●   ● **3.** Je m'appelle Carlos.

d. Quelle est ta nationalité ? ●   ● **4.** carlos15@correo.mx

e. Tu habites où ? ●   ● **5.** J'ai 15 ans.

Où tu habites ?

6 **Pour découvrir la ville imaginaire de mon voisin :**

→ j'écris sur des papiers les lettres d'une grande ville du monde ;
→ je demande à mon voisin où il habite ;
→ il me donne les lettres de la ville où il habite ;
→ je reconstitue le nom de la ville ;
→ je donne la réponse ;
→ on inverse les rôles.
→ *– Tu habites où ?*

– Tu habites à Barcelone ?
– Oui, c'est ça !

Profil

7 **Pour compléter les messages ci-dessous :**

→ j'utilise les verbes suivants : *habite, appelle, suis, parle, cherche, ai, est.*

NOM	SEXE	ÂGE	LANGUES	REMARQUES & MOTS-CLÉS	PAYS
Laura	♀	13	anglais français allemand italien	Salut, je m'.................. Laura :-). J'............13 ans, je .... française et j'.......................... à Nantes. Je .... anglais, allemand, italien et français. Je .... des correspondants (13 à 15 ans).	
Wim	♂	14	français néerlandais	Bonjour, moi c'...................... Wim, j'.............................. à Bruxelles, j'............14 ans, je .... belge et je .... un(e) correspondant(e) de mon âge pour parler français. Merci.	

Demander des infos

8 **Pour compléter la fiche :**

→ j'interroge mon camarade de classe pour remplir sa fiche ;
→ on inverse les rôles.

→ *– Quel est ton prénom ?*
– Mon prénom, c'est Pierre ou *Je m'appelle Pierre.*
– Quelle est ta nationalité ?
– Je suis français.

Nom : ....

Prénom : ....

Âge : .... ans

Nationalité : ....

Date de naissance : ....

Adresse électronique : ....

Adresse postale : ....

....

Nom : ....

Prénom : ....

Âge : .... ans

Nationalité : ....

Date de naissance : ....

Adresse électronique : ....

Adresse postale : ....

....

 Je peux aussi m'entraîner avec le cédérom.

3ᴱ DÉFI : JE DÉCOUVRE LES CALENDRIERS SCOLAIRES

Les calendriers scolaires, ici et ailleurs

1 Pour retrouver les saisons en France :

→ j'écris le numéro des phrases sur les photos.

1. En France, en automne, il pleut souvent.

2. En hiver, il fait froid et il neige parfois.

3. En été, il fait chaud.

4. Au printemps, il fait beau.

2 Pour comparer les vacances scolaires en France, ailleurs et dans ma classe :

→ j'observe bien le document p. 16 de mon livre ;
→ j'observe les périodes de vacances coloriées et j'écris le pays correspondant ;
→ je colorie les périodes de vacances de mon pays.

PAYS	Janvier		Février		Mars		Avril		Mai		Juin	
France	■			■				■	■			
Mexique	■	■						■	■			
Hongrie												■
Chine	■											
Angola	■						■			■		
Mon pays	✗					✗						

PAYS	Juillet		Août		Septembre		Octobre		Novembre		Décembre	
France	■	■	■	■				■				■
Mexique	■	■	■								■	
Hongrie	■	■	■					■				
Chine	■											
Angola		■					■		■			
Mon pays	✗		✗	✗								✗

COMPRÉHENSION DE L'ORAL — 25 POINTS

Répondez aux questions en cochant (☑) la bonne réponse, ou en écrivant l'information demandée.

EXERCICE 1

Vous allez entendre 2 fois un document.
Vous aurez 30 secondes de pause entre les 2, puis 30 secondes pour vérifier vos réponses.
Lisez les questions.

1 Écoutez le dialogue. Répondez aux questions. **(4 points)**

La radio s'appelle	☐ Radio Ado FM	☐ Radio Collège FM
C'est	☐ le jour de la rentrée	☐ le dernier jour de cours
Lucas est	☐ en 6ᵉ	☐ en 5ᵉ
Lucas va	☐ bien	☐ mal

2 Complétez la phrase suivante : **(2 points)**

Le garçon a .... ans.

EXERCICE 2

Vous allez entendre 2 fois un document.
Vous aurez 30 secondes de pause entre les 2, puis 30 secondes pour vérifier vos réponses.
Lisez les questions.

1 Écoutez le dialogue. Répondez aux questions. **(4 points)**

La journaliste est	☐ une adolescente	☐ une adulte
La fille s'appelle	☐ Julie Pradier	☐ Lucie Pradier
La fille est	☐ en 6ᵉ	☐ en 5ᵉ
La fille va	☐ bien	☐ mal

2 Complétez la phrase suivante : **(2 points)**

La fille a .... ans.

EXERCICE 3

Vous allez entendre 2 fois un document.
Vous aurez 30 secondes de pause entre les 2, puis 30 secondes
pour vérifier vos réponses.
Lisez les questions.

1 Écoutez le dialogue. Répondez aux questions. **(4 points)**

	Oui	Non
Hugo est nouveau.	☐	☐
Luis habite à Versailles.	☐	☐
Luis parle français et espagnol.	☐	☐
Luis et Hugo ont 10 ans.	☐	☐

2 Complétez le dialogue : **(2 points)**

– Quelle est la nationalité de Luis ?

– Il est ....

EXERCICE 4

Vous allez entendre 2 fois un document.
Vous aurez 30 secondes de pause entre les 2, puis 30 secondes
pour vérifier vos réponses.
Lisez les questions.

1 Écoutez le dialogue. Répondez aux questions. **(3 points)**

	Oui	Non
Hugo présente Luis à Tom.	☐	☐
Tom est en 6ᵉ.	☐	☐
Hugo est en 6ᵉ.	☐	☐

2 Complétez le dialogue : **(4 points)**

– Quelles sont les nationalités de Tom et Hugo ?

Tom est ....

Hugo est ....

UNITÉ 2

VOTRE MISSION

→ FAIRE UNE EXPOSITION

Je découvre la mission

Pour découvrir la mission :

→ j'écoute l'enregistrement et j'observe la photo de la page 21 de mon livre ;
→ je cherche des indices ;
→ j'écris les indices trouvés dans le cadre ;
→ je réponds aux questions :

– Qui est la personne présente ?

– Où se passe la scène ?

– Que fait la personne ?

– Qu'est-ce qu'on entend ?

mes indices

....

....

....

....

Je prépare la mission

Pour organiser une exposition, je vais :
- présenter quelqu'un ;
- donner des informations personnelles ;
- décrire quelque chose ou quelqu'un ;
- dire que j'aime quelque chose ;
- dire que je n'aime pas quelque chose.

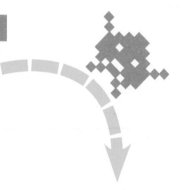

Qu'est-ce que je sais faire ?	Qu'est-ce que je vais apprendre ?

Je comprends

Pour aider Lucas à compléter son album :

→ j'écoute et je lis les documents p. 22 de mon livre ;
→ je prends des notes ;
→ je complète les fiches de l'album.

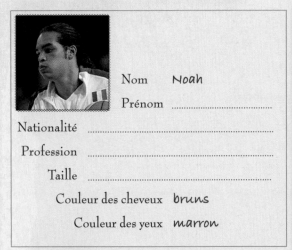

Nom **Noah**
Prénom ....

Nationalité ....
Profession ....
Taille ....
Couleur des cheveux **bruns**
Couleur des yeux **marron**

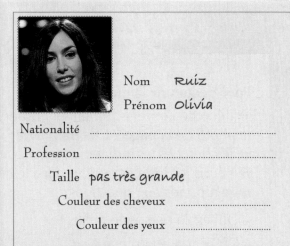

Nom **Ruiz**
Prénom **Olivia**

Nationalité ....
Profession ....
Taille **pas très grande**
Couleur des cheveux ....
Couleur des yeux ....

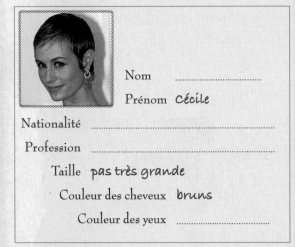

Nom ....
Prénom **Cécile**

Nationalité ....
Profession ....
Taille **pas très grande**
Couleur des cheveux **bruns**
Couleur des yeux ....

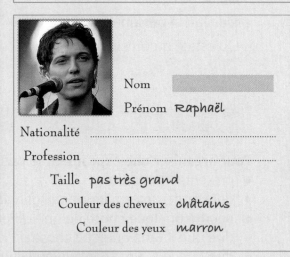

Nom
Prénom **Raphaël**

Nationalité ....
Profession ....
Taille **pas très grand**
Couleur des cheveux **châtains**
Couleur des yeux **marron**

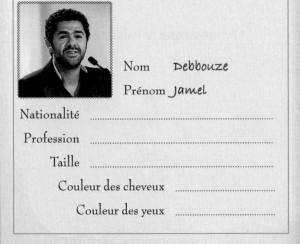

Nom **Debbouze**
Prénom **Jamel**

Nationalité ....
Profession ....
Taille ....
Couleur des cheveux ....
Couleur des yeux ....

Nom **Henin**
Prénom **Justine**

Nationalité **belge**
Profession ....
Taille **grande**
Couleur des cheveux ....
Couleur des yeux ....

Je découvre la langue

Transcription : document 1

LUIGI : Qu'est-ce que tu fais ?

PIERRE : Je range ma collection. Viens !

PIERRE : Tu vois, il y a mes sportifs, mes chanteurs et mes acteurs préférés. Tiens, passe-moi la photo de Justine Henin, s'il te plaît !

LUIGI : C'est qui ?

PIERRE : C'est une joueuse de tennis. Elle a les yeux marron, les cheveux longs et blonds.

LUIGI : Waouh, et ce basketteur, il est super grand ! C'est qui ?

PIERRE : C'est Joakim Noah, tu sais, le fils de Yannick Noah.

LUIGI : Et la brune avec les yeux noirs, là, c'est qui ? C'est une actrice ?

PIERRE : C'est une chanteuse, Olivia Ruiz. Elle est belle !

LUIGI : Ah, bon ? Et là, c'est qui ?

PIERRE : C'est Raphaël.

LUIGI : Le peintre italien ?

PIERRE : Mais non, le chanteur français.

PIERRE : Passe-moi la photo de Jamel Debbouze. Il est petit et brun et il a les yeux noirs.

LUIGI : Tiens !

PIERRE : Merci, Luigi. J'aime beaucoup cet acteur.

LUIGI : Et l'actrice brune avec les cheveux courts et les yeux bleus ? Tu sais, elle joue dans *L'Auberge espagnole*. Comment elle s'appelle déjà ?

PIERRE : C'est Cécile de France !

LUIGI : Elle est française ?

PIERRE : Je ne sais pas !

1 Pour découvrir la langue, je trouve dans les documents des exemples pour :

	Demander des informations	Donner des informations sur quelqu'un	Décrire quelqu'un
Document 1	*C'est qui ?*	*C'est une joueuse de tennis.*	*Elle a les yeux marron, les cheveux longs et blonds.*
Document 2	*Qu'est-ce que tu fais samedi ?*	*Cécile de France est bien belge. Comme Justine Henin.*	

2 **Pour compléter le tableau :**

→ je note mes découvertes (en bleu) ;
→ je note mes connaissances (en rose).

Pour…	Je peux utiliser :	Je connais aussi :
demander des informations	Qu'est-ce que + sujet + verbe ? – – – –	
donner des informations sur quelqu'un	C'est + article + profession – – –	
décrire quelqu'un	Il/Elle a les yeux + couleur – – – –	

Je m'entraîne

Ça monte et ça descend

9

1 Pour reconnaître l'affirmation et la question :

→ je dessine sur un papier une ↗,
et sur un autre une ↘ ;
→ j'écoute ;
→ je lève ↗ pour une question, et ↘ pour une affirmation.
→ – *Tu t'appelles Lara ?* ↗   *Il s'appelle Léo.* ↘

Intonation

2 Pour m'entraîner à affirmer et à demander :

→ je fais une fiche • et une fiche **?** ;
→ je lance un dé ;
→ je pioche une fiche ponctuation ;
→ je prononce la phrase avec la bonne intonation.
   1. Tu t'appelles Laura
   2. C'est un peintre
   3. Il est autrichien
   4. Elle joue au tennis
   5. Il a 29 ans
   6. Elle est belle

Métiers désordonnés

3 Pour compléter le tableau ci-dessous :

→ je reconstitue chaque profession ;
→ je classe chaque profession dans le tableau
ci-dessous ;
→ j'écris le féminin ou le masculin
de la profession retrouvée.

→ – *cat - a - vo*

1. teur - ti - tu - ins

2. deur - ven

3. re - fir - in - miè

4. tri - é - di - ce

5. tis - pâ - sier

6. tecte - ar - chi

7. cul - a - teur - gri

8. ne - ma - phar - cien

→	*avocat*	*avocate*
1.		
2.		
3.		
4.		
5.		
6.		
7.		
8.		

Professions

4 Pour associer chaque mot de la grille à sa photo :

→ j'écris le numéro du mot sur la photo.

```
      ①          ②
      C          C              ④
③  P  H  O  T  O  G  R  A  P  H  E        ⑤
      A          I              C              O
      N          F              T              U
      T          F              R              V
      E          E              I              R
      U          U          ⑥  C              I
      S          R      ⑦  P  E  I  N  T  R  E  R
      E                     R              R
              ⑧  B  O  U  L  A  N  G  E  R
                     F
              ⑨  M  E  D  E  C  I  N
                     S
                     S
      ⑩  P  O  M  P  I  E  R
                     E
                     U
                     R
```

Différences

5 **Pour retrouver les cinq différences :**

→ je compare les deux dessins ;
→ je note les 5 différences.

....

....

....

....

....

Les couleurs

6 **Pour retrouver le texte :**

→ je remplace les couleurs par les voyelles ;
→ j'écris le mot entier.

A noir, **E** blanc, **I** rouge, **U** vert, **O** bleu : *Voyelles !*

(Arthur Rimbaud, *Voyelles*, 1871)

Tch● ! JO m'●ppOllO T●tO●f. J'●● d●x ●ns. JO s●●s bl●nd.
M●n « p●p● » c'Ost ZOp, ●n dOss●n●tO●r s●●ssO. JO f●●s
d● b●skOt, j'●●mO b●On mOs c●p●●ns Ot… N●d●●.

....

....

....

Genre

7 **Pour dire si on parle d'un homme ou d'une femme :**

→ j'écoute ;
→ si on parle d'un homme, je lève mon stylo bleu,
si on parle d'une femme, je lève mon stylo rouge ;
→ je classe chaque adjectif dans le tableau ci-dessous ;
→ j'ajoute le féminin ou le masculin de l'adjectif trouvé.

Devinettes

8 Pour compléter le dialogue :

→ j'utilise *c'est* ou *il/elle est* :

– .... un nageur français. .... rapide.
– Alain Bernard !

– Oui ! .... un acteur belge. .... brun et maigre.
– Benoît Poelvoorde !

– Bravo ! .... une actrice française. .... petite.
– Mélanie Thierry.

– .... un chanteur canadien. .... grand et brun.
– C'est Garou.

– Bravo !

Entretien

9 Pour répondre aux questions du journaliste :

→ je coche les bonnes réponses.

JOURNALISTE : Voilà notre gagnant du jour. Comment tu t'appelles ?
LE JEUNE CHAMPION : a. Je m'appelle Victor Brossard. ☐
                    b. C'est Victor Brossard. ☐
                    c. Tu t'appelles Victor Brossard ? ☐

JOURNALISTE : Tu as quel âge ?
VICTOR : a. 17. ☐
          b. 17 ans. ☐
          c. Oui, j'ai 17 ans. ☐

JOURNALISTE : Qu'est-ce que tu fais comme sport ?
VICTOR : a. Je n'aime pas le rugby. ☐
          b. Je fais de la guitare. ☐
          c. Je fais du rugby. ☐

JOURNALISTE : Tu es grand ?
VICTOR : a. Oui, 1 m 90. ☐
          b. Oui, 85 kg. ☐
          c. Oui, 17 ans. ☐

JOURNALISTE : Merci Victor et bravo !

2ᴱ DÉFI : JE FAIS UN ARBRE GÉNÉALOGIQUE

Je comprends

Pour compléter le blog de Paul :

→ je lis et j'écoute les documents p. 24 de mon livre ;
→ je prends des notes ;
→ j'écris les prénoms dans l'arbre généalogique.

mon grand-père · ma grand-mère · mon grand-père · ma grand-mère

Laurent Hamon
mon père

Annie Ledoux
ma mère

la sœur de ma mère

ma sœur · moi · mon frère

Je découvre la langue

Transcription : document 2

PAUL : Allô ?
GRAND-MÈRE : Bonjour Paul. C'est grand-mère au téléphone. Tes parents sont là ?
PAUL : Bonjour mamie Jeanne. Non, ton fils est encore au bureau et maman travaille aussi.
GRAND-MÈRE : Bon. Samedi, c'est l'anniversaire de Romain.
PAUL : Mais mamie, il est au Canada avec ses parents !
GRAND-MÈRE : Paul, tu n'aimes pas les surprises ??
PAUL : Si, j'adore ça !
GRAND-MÈRE : Et bien, ton père, ta mère, ta sœur, toi et ton petit frère, vous venez chez moi et on appelle ton cousin par Internet. Sa mère fait un gâteau à Montréal, ton grand-père fait un gâteau à Paris – c'est toujours un très bon pâtissier, tu sais – et on fête l'anniversaire de Romain.
PAUL : Mamie, tu es moderne ! Tu es géniale !
GRAND-MÈRE : Arrête, je n'aime pas les compliments ! Zut, on sonne à la porte. Ah bah, c'est ton père. Bonjour mon fils. Bon Paul, je t'embrasse.
PAUL : Bisou, mamie, et bonjour à papi Charles ! À samedi.

1 Pour découvrir la langue, je trouve dans les documents des exemples pour :

	Dire qu'on aime ♡	Dire qu'on n'aime pas	Parler de sa famille
Document 1	*J'aime beaucoup ses photos.*	*Fanny déteste ça.*	*La sœur de ma mère.*
Document 2	*Si, j'adore ça !*	*Je n'aime pas les compliments !*	*Il est au Canada avec ses parents !*

2 **Pour compléter le tableau :**

→ je note mes découvertes (en bleu) ;
→ je note mes connaissances (en rose).

Pour…	Je peux utiliser :	Je connais aussi :
dire ce qu'on aime ♡	Aimer beaucoup + nom – –	
dire ce qu'on n'aime pas ♋	Ne pas aimer + nom –	
parler de sa famille	Ma, ta, sa + nom féminin singulier – – –	

Je m'entraîne

Masculin ou féminin ?

1 **Pour faire la différence entre les voyelles à l'oral et à l'écrit :**

→ j'écoute les nationalités au masculin et au féminin ;
→ je complète le tableau ;
→ j'entoure de couleurs différentes les différentes manières d'écrire le son [ɛ̃].

	Masculin	Féminin
1.	Argentin	Argentine
2.	Australien	Australienne
3.	Coréen	Coréenne
4.	....	Dominicaine
5.	Ghanéen	....
6.	....	Américaine
7.	Brésilien	....
8.	....	Algérienne

Identique ou différent ?

2 **Pour distinguer les voyelles orales et nasales :**

→ j'écoute ;
→ quand les sons sont identiques, je coche la case = ;
→ quand les sons sont différents, je coche la case ≠ ;
→ je compare mes réponses avec mon voisin.

Paire de sons n°	=	≠
1		
2		
3		
4		
5		
6		

Paire de sons n°	=	≠
7		
8		
9		
10		
11		
12		

Mots croisés

3 Pour remplir les mots croisés

→ je lis les définitions;
→ j'écris les réponses dans les cases correspondantes.

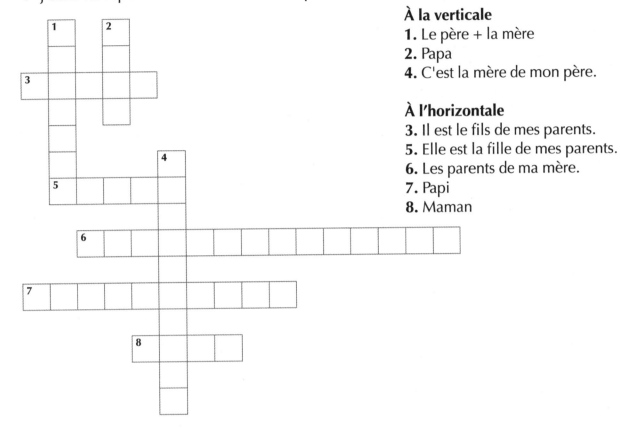

À la verticale
1. Le père + la mère
2. Papa
4. C'est la mère de mon père.

À l'horizontale
3. Il est le fils de mes parents.
5. Elle est la fille de mes parents.
6. Les parents de ma mère.
7. Papi
8. Maman

Les goûts et les couleurs

4 Pour compléter le tableau ci-après:

→ je cherche les expressions dans le dialogue:

Manu: Oh, tu as un poster d'Olivia Ruiz. J'adore cette fille!
Mélia: Moi aussi et j'aime beaucoup sa voix.
Manu: J'aime beaucoup Zazie aussi!
Mélia: Pas moi, je ne suis pas fan.
Nolwen: Moi non plus!
Manu: Mais je n'aime pas Camille.
Mélia: Moi si, j'aime bien sa musique!
Manu: Bon, on fait la sélection pour la fête!

Pour dire	J'aime…	Je n'aime pas…
Je suis d'accord		
Je ne suis pas d'accord		

Tu n'aimes pas ?

5 **Pour connaître les goûts de mes camarades de classe :**

→ je lance le dé ;
→ j'interroge mon camarade de classe ;
→ il lance le dé ;
→ il répond et on inverse les rôles.

→ – *Tu n'aimes pas les promenades ?*
– *Si, j'aime bien ça ! / Non, je n'aime pas ça.*

⚀	Les gâteaux
⚁	Les bateaux
⚂	Le basket
⚃	Les crêpes
⚄	Les surprises
⚅	Les photos

⚀	J'adore 😁
⚁	J'aime beaucoup 😃
⚂	J'aime bien 🙂
⚃	Je n'aime pas 🙁
⚄	Je déteste 😫
⚅	À toi de choisir !

Jeu des familles

6 **Pour participer à l'activité :**

→ je colorie les membres de ma famille ;
→ je décris ma famille à mon camarade de classe ;
→ il colorie les membres de ma famille ;
→ on inverse les rôles.

Père	Mère	Frère	Sœur

Qui suis-je ?

7 **Pour compléter la présentation de la famille par Lucie Ledoux :**

→ je regarde l'arbre généalogique de la page 29 ;
→ je complète les phrases.

Lucie Ledoux présente .... photos à une amie.

Regarde, c'est .... fille Annie avec .... enfants
à Kerfontaine.

Sur cette photo, il y a .... mari ....

Là, c'est mon ...., Jean, sur son bateau.

J'ai 3 petits-enfants maintenant : deux petits-fils et une ....

Voilà mon .... de 12 ans, Paul.

C'est .... petite-fille, ... Elle fait du cheval.

Et voilà le petit dernier. Il est beau. Il s'appelle ....

Jeu de mémoire

8 **Pour entraîner ma mémoire :**

→ je regarde bien les 9 personnages pendant 30 secondes ;
→ je cache l'image, mon voisin me pose une question ;
→ je lui réponds sans regarder l'illustration.

→ *– Est-ce que le garçon blond a les yeux bleus ?*

 Je peux aussi m'entraîner avec le cédérom.

3ᴱ DÉFI : JE DÉCOUVRE UN ARTISTE : HERVÉ DI ROSA

Ici et ailleurs : l'art

1   Pour comparer les goûts de mes camarades de classe :

→ je fais une enquête auprès de mes camarades sur les tableaux d'Hervé di Rosa :
Qui aime ce tableau ?
→ – *Est-ce que tu aimes* Déjeuner à Kumasi *d'Hervé di Rosa ?*
– *Oui, j'aime beaucoup ce tableau. / Non, pas trop.*

Titre du tableau	Prénom(s)
Le Tour du monde en Dirovision	
Mister Africa à Addis-Abeba	
Dance with monsters	
Déjeuner à Kumasi	

2   Pour trouver les erreurs :

→ j'observe le visage A pendant une minute ;
→ je ferme le livre ;
→ j'écoute mon/ma camarade ;
→ je trouve les erreurs ;
→ on inverse les rôles.

→ – *Il a une tête rectangulaire et verte.*
– *Non, il a une tête ronde et verte.*

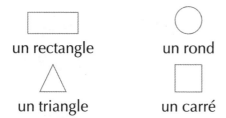

un rectangle   un rond

un triangle   un carré

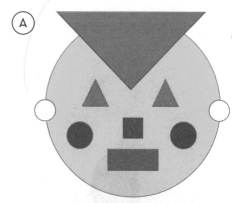

(A)

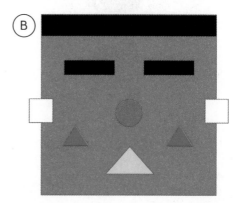

(B)

Description A : *Il a le visage large. Un rond blanc pour la tête, le front bas, deux petits triangles verts pour les yeux, les cheveux courts et rouges, un petit carré gris pour le nez, un petit triangle vert pour la bouche, des petits carrés marron pour les joues et des ronds blancs pour les oreilles.*

Description B : *Pour la tête un gros carré bleu, le front haut, deux rectangles noirs pour les yeux, les cheveux longs et blancs, un gros carré vert pour le nez, un triangle rouge pour la bouche, des rectangles rouges pour les joues et deux petits carrés blancs pour les oreilles.*

COMPRÉHENSION DE L'ÉCRIT **25 POINTS**

Lisez le bulletin d'abonnement et répondez aux questions.

BULLETIN D'ABONNEMENT

☒ **Oui**, *j'abonne mon (mes) enfant(s).*

*Je reçois en **cadeau** un sac de sport si j'envoie mon abonnement sous 8 jours.*

Je choisis la couleur : ☐ bleu ☒ rouge

Vos coordonnées

Prénom : R I C H A R D Nom : C A R R I È R E

Date de naissance : 1 9 0 3 1 9 7 0 Sexe : ☒ M ☐ F

Adresse : 6 A V E N U E C H A R L E S D E G A U L L E

Code postal : 5 6 8 0 0 Commune : P L O E R M E L

Téléphone : 0 2 2 6 3 4 0 8 9 7

E-mail : r i c h a r d . c a r r i e r e @ i n t e r n e t . f r

Indiquer votre adresse e-mail afin d'être prévenu de la mise en place de votre abonnement

Premier abonnement

Prénom de l'enfant : P A U L I N E Nom : C A R R I È R E

Date de naissance : 2 0 1 0 1 9 9 8 Sexe : ☒ F ☐ M

Pour recevoir des offres exclusives pour son anniversaire.

Adresse : 6 A V E N U E C H A R L E S D E G A U L L E

Code postal : 5 6 8 0 0 Commune : P L O E R M E L

Collez ici la vignette correspondant au magazine choisi :

AD PRESSE

L'enfant

1 Comment s'appelle l'enfant abonné au magazine ? (2 points)

....

2 Quel âge a cet enfant ? .... ans. (2 points)

3 C'est un garçon ou une fille ? garçon ☐ fille ☐ (1 point)

4 Est-ce que l'enfant habite avec son père ? oui ☐ non ☐ (2 points)

5 L'enfant habite à Paris. oui ☐ non ☐ (2 points)

Le père

6 Le père s'appelle ☐ Monsieur Richard (2 points)
☐ Monsieur Carrière
☐ Monsieur de Gaulle

7 Il est né au mois de ☐ février (2 points)
☐ mars
☐ octobre

8 richard.carriere@internet.fr, c'est .... (2 points)

9 Le père donne son numéro de téléphone oui ☐ non ☐ (2 points)

Le magazine

10 Quel est le magazine choisi ? ☐ *L'hebdo des collèges* (2 points)
☐ *Adopresse*
☐ *Journados*

11 De quelle couleur est le cadeau que le père a choisi ? .... (2 points)

12 Quel est le cadeau ? .... (2 points)

13 Pourquoi le père donne la date de naissance de son enfant ? (2 points)
☐ pour recevoir le magazine
☐ pour recevoir un gâteau d'anniversaire
☐ pour recevoir d'autres offres en exclusivité

UNITÉ 3

VOTRE MISSION

→ ORGANISER UN PIQUE-NIQUE

Je découvre la mission

Pour découvrir la mission :

→ j'écoute l'enregistrement et j'observe
la photo de la page 31 de mon livre ;
→ je cherche des indices ;
→ j'écris les indices trouvés dans le cadre ;
→ je réponds aux questions :

– Qui sont les personnages ?

– Où se passe la scène ?

– Quand a lieu la scène ?

– Que se passe-t-il ?

mes indices

....

....

....

....

Je prépare la mission

Pour organiser un pique-nique, je vais :

+ faire une proposition ;
+ exprimer mes goûts ;
+ exprimer la quantité ;
+ donner des conseils ;
+ exprimer un besoin.

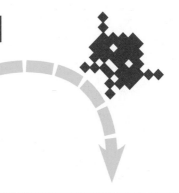

Qu'est-ce que je sais faire ?	Qu'est-ce que je vais apprendre ?
....	....
....	....
....	....
....	....
....	....
....	....

Je comprends

Pour jouer au jeu des erreurs :

→ je lis et j'écoute les documents p. 32 de mon livre ;
→ je souligne les erreurs contenues dans le message de confirmation ;
→ je réécris le message corrigé.

Salut Stéphanie,

Je te confirme mon invitation à déjeuner samedi avant le match.
Rendez-vous chez ma grand-mère, à midi.

Pour le menu, comme tu es un peu difficile, j'ai choisi tes plats préférés.
En entrée, il y a du guacamole. Après, pour le plat principal,
il y a de la paella et, en dessert, un sorbet à la mangue.

Bises

Carla

....
....
....
....
....
....
....
....
....
....
....
....
....
....
....
....
....
....
....

Je découvre la langue

Transcription : document 2

STEPH : Coucou Carla, tu vas bien ?

CARLA : Oui et toi ?

STEPH : Très bien, merci ! Je t'appelle pour mercredi.
Ça te dit de venir déjeuner à la maison avant le match ?

CARLA : Ah, oui !

STEPH : Tu es sûre, tu ne veux pas rester à la cantine ?

CARLA : Oh non, pitié ! C'est trop mauvais !

STEPH : Oui, ce n'est pas très appétissant ! Ne t'inquiète pas, avec ma mère, tu vas bien manger.

Tu aimes tout ?

CARLA : Oui, je ne suis pas difficile, j'aime tout !

STEPH : Tu as envie de quelque chose de spécial ?

CARLA : Bah, euh, je ne sais pas !

STEPH : J'ai une idée, tu te souviens du quiz d'hier, j'ai encore nos réponses. Avec ça, ma mère préparera un menu à ton goût !

CARLA : OK, bon ben super, alors ! Vers quelle heure je viens ?

STEPH : Viens vers midi et demi, et pense à ton sac de sport !

CARLA : À plus !

STEPH : À plus !

1 **Pour découvrir la langue, je trouve dans les documents des exemples pour :**

	Faire une proposition	Exprimer la quantité	Exprimer ses goûts
Document 1		*Du taboulé.*	*C'est excellent.*
Document 2	*Ça te dit de venir déjeuner ?*		*Je ne suis pas difficile, j'aime tout !*

2 Pour compléter le tableau :

→ je note mes découvertes (en bleu) ;
→ je note mes connaissances (en rose).

Pour…	Je peux utiliser :	Je connais aussi :
faire une proposition	Ça te dit + infinitif – – –	
exprimer la quantité	Article indéfini + nom – – –	
exprimer ses goûts	C'est + adjectif – – –	

Je m'entraîne

Devine ce que je dis

1 Pour distinguer les sons [z] et [ʒ] :

→ j'écoute les mots ;
→ je choisis ce que je vais prononcer dans la grille ;
→ je mime le mot choisi sans faire sortir de son pour le faire deviner à mon voisin.

bouge	bise
enjeu	aisé
rougi	rosi
des gens	des ans
bijou	bisou
agit	Asie

Bien lire la lettre « s »

2 Pour lire en français :

→ j'écoute les mots ;
→ j'entoure les mots où le « s » est prononcé [z] ;
→ je répète les mots qui contiennent le son [z].

sucre   fraise   nécessaire   maison   personnage   appétissant   besoin

ustensiles   poisson   sauce hollandaise   ose   surprise

Moitié

3 Pour retrouver la recette originale :

→ j'entoure la bonne réponse.

La crème brûlée

1. Casse   a. les œufs   a. un bol   **4.** Ajoute   a. un morceau de beurre
             b. les oignons   dans   b. une assiette   b. un morceau de viande
             c. les concombres   c. une poêle   c. une cuillère de poivre

2. Ajoute   a. les carottes   **5.** Mélange encore
             b. la farine
             c. le pain

3. Mélange le tout avec   a. le saladier   **6.** Prends   a. des fourchettes pour servir
                          b. le fouet   b. des couteaux
                          c. le couteau   c. des ramequins

7. Laisse refroidir pendant 2 h   a. dans le four
                                      b. au frigo
                                      c. dans la cuisine

La liste des courses

4 Pour faire les courses :

→ je classe les aliments ;
→ je compare mon classement avec mon camarade de classe.

3 croissants, 1 boîte de champignons, 1 plaquette de beurre, 2 steaks,
200 grammes de gruyère râpé, 1 kilo de courgettes, 5 tranches de jambon,
1 bouteille d'huile, 6 merguez, 1 tablette de chocolat, 1 paquet de farine,
2 kilos de carottes, 500 grammes de viande hachée, 1 camembert,
des yaourts, 1 kilo de pommes.

Fruits et légumes	Épicerie	Crémerie	Boucherie - Charcuterie

Menu

5 Pour compléter les textes ci-dessous :

→ j'utilise : *du*, *de la*, *de l'*, *des*, *une* ou *un*.

Charlotte, 12 ans.
À midi, je mange à la maison.
Aujourd'hui, il y a .... taboulé,
et .... omelette. Il y a aussi ....
côtelettes, mais je n'aime pas ça.
Pour le dîner, c'est .... soupe
aux champignons, ...fromage
et .... fruits exotiques.

Thomas, 11 ans.
À midi, je mange à la cantine.
Aujourd'hui on a .... melon avec ....
jambon cru, ...steak haché avec ....
haricots verts.
Pour le dîner, il y a .... merguez, ...
légumes et .... tarte aux fruits.

Marc, 12 ans.
À midi, on mange en famille. Pour aujourd'hui, il y a .... salade
niçoise, ... paella et .... salade de fruits. Pour ce soir,
on a .... courgettes farcies et .... glace à la vanille.

Mémorecettes

6 Pour mémoriser une recette :

→ je choisis une fiche et je lis les ingrédients de la recette ;
→ je la retourne face cachée ;
→ mon camarade m'interroge à partir de sa fiche B pour retrouver
les ingrédients nécessaires ;
→ on inverse les rôles.

Côté A – Le gâteau au chocolat

Il faut :

50 cl de lait	Une pincée de sel	200 g de sucre
250 g de farine	150 g de beurre	3 œufs
200 g de chocolat	De la vanille	50 g de nougatine

Côté B – La paella

1 kilo de riz	Du chorizo	500 g de crevettes
Des poivrons	Des tomates	Du safran
Une pincée de sel	500 g de poulet	5 cuillères d'huile d'olive

Côté A – La paella

De l'huile d'olive ou de l'huile de tournesol ?	De l'agneau ou du poulet ?	Une pincée de sel ou de sucre ?
De la moutarde ou du safran ?	Des dattes ou des tomates ?	Des pommes de terre ou des poivrons ?
Des côtelettes ou des crevettes ?	Du chorizo ou du saucisson ?	Du riz ou des pâtes ?

Côté B – Le gâteau au chocolat

De la nougatine ou du cacao ?	De la vanille ou du rhum ?	De la confiture ou du chocolat ?
Trois œufs ou six œufs ?	De l'huile ou du beurre ?	De la farine ou de la semoule ?
Du sucre ou du miel ?	Du sel ou du poivre ?	Du lait ou du soja ?

J'ai faim !

7 Pour commander un plat :

→ j'écris le nom d'un plat que j'aime sur un papier ;
→ je réponds à la question de mon camarade ;
→ on inverse les rôles et on fait circuler les papiers.

→ *– J'ai envie d'une pizza, et toi ?*
– Moi, j'ai envie d'une salade.

J'aime un peu, beaucoup, à la folie...

 8 **Pour comparer les goûts :**

→ j'observe le tableau suivant ;
→ je complète le tableau selon mes goûts ;
→ je compare mes réponses avec les réponses de mon camarade.

→ *J'adore les bonbons. C'est délicieux !*
Oh, je déteste les bonbons. C'est trop sucré !

Plat	Je déteste	J'adore	X adore	Y déteste	Connais pas ou pas goûté
Les fruits de mer					
Le couscous					
La mousse au chocolat					
Les légumes verts					
Les sushis					
Les gâteaux					
Les pâtes					

Devinettes aliments

 9 **Pour faire deviner un aliment :**

→ j'épelle un aliment ;
→ j'écoute la proposition de mon camarade ;
→ je réponds et on inverse les rôles.

→ – C.O.M.P.O.T.E
– *Tu veux de la compote ?*
– *Oui !*

DÉFI : JE FAIS UNE BROCHURE SUR LES BONNES HABITUDES ALIMENTAIRES

Je comprends

Pour faire le jeu-concours :

→ je lis et j'écoute les documents p. 34 de mon livre ;
→ je ferme le livre ;
→ je coche la bonne réponse.

1. Quel aliment est riche en protéines ?
a. la pomme ☐
b. le camembert ☐
c. les légumes secs ☐

2. Quel aliment est riche en sucre lent ?
a. le sirop d'érable ☐
b. les spaghettis ☐
c. les yaourts natures ☐

3. Quel aliment est riche en lipides ?
a. les pommes de terre ☐
b. le pain ☐
c. le camembert ☐

4. Quelle est la boisson à éviter ?
a. l'eau ☐
b. le soda ☐
c. le jus de fruit ☐

5. Quels sont les aliments naturellement riches en vitamines ?
a. les fruits ☐
b. les pâtes ☐
c. les sucreries ☐

6. Quelles sont les bonnes habitudes pour une vie saine ?
a. faire de l'exercice ☐
b. boire un jus de fruits par jour ☐
c. manger beaucoup de produits laitiers ☐

Question bonus : quelle proportion de protéines, de lipides
et de glucides est-ce que tu dois manger dans une journée ?

Ton score sur 12 points : 1 point par bonne réponse aux 6 questions
+ 2 points par proportion exacte.

Je découvre la langue

Transcription : document 2

– Écoute Julie, ce n'est pas la fin du monde.
Il faut un peu de courage.
– Je veux bien, mais…
– Il suffit de prendre de bonnes habitudes.
– Ah oui ? Comment ? J'ai besoin de ton aide !
– Eh bien, pas trop de sodas ! Bois de l'eau, c'est meilleur, et prends au moins un jus de fruits naturel par jour. Fais le plein de vitamines !

– Et les sucreries ? Et le chocolat ?
– Tu peux manger un peu de chocolat mais pas trop ! Et puis, fais un peu de sport.
– Ah ! ça, j'adore !
– Eh bien, voilà ! Et puis marche, tu ne marches pas assez. Promène ton chien.
– OK, merci, Sophie.

1 **Pour découvrir la langue, je trouve dans les documents des exemples pour :**

	Exprimer une nécessité/ un besoin	Exprimer la quantité	Donner un conseil
Document 1	*Tu dois manger.*	*Du poisson.*	*Équilibre tes menus.*
Document 2	*J'ai besoin de ton aide.*	*Il faut un peu de courage.*	*Bois de l'eau.*

2 **Pour compléter le tableau :**

→ je note mes découvertes (en bleu) ;
→ je note mes connaissances (en rose).

Pour...	Je peux utiliser :	Je connais aussi :
exprimer une nécessité, un besoin	Avoir besoin de + nom – – –	
exprimer la quantité	Un peu de + nom – – –	
donner des conseils	**Impératif** + article + nom – – –	

Je m'entraîne

À vos marques, prêts ? Liez !

1 Pour lire correctement :

→ je regarde les phrases ;
→ je repère la lettre **s** ;
→ j'écoute les phrases ;
→ je marque la liaison avec le signe ‿.

→ *les‿élèves*

1. Ils sont très heureux.
2. Vous allez au supermarché.
3. Elles ont les cheveux longs.
4. Nous avons un chat et deux poissons rouges.
5. Lucas a invité trois amis.
6. Quels instruments entends-tu ?

La bonne prononciation [s] ou [z] ?

2 Pour jouer à la bataille phonétique :

→ je dessine un bateau dans trois cases de la grille ;
→ je cherche à localiser les bateaux de mon partenaire
en conjuguant les verbes.

→ *Ils appellent !*
– *Dans l'eau !*

	appeler	acheter	écouter	écrire	entendre
Ils					
Elles					
Ils s'					
Elles s'					

Dans la cuisine

3 Pour retrouver les bons gestes pour cuisiner correctement :

→ j'associe les éléments des deux colonnes.

Pour battre des œufs, ●   ● j'ai besoin d'une passoire.

Pour couper des oignons, ●   ● j'ai besoin d'une louche.

Pour faire cuire un gâteau, ●   ● j'ai besoin d'une cuillère.

Pour égoutter des pâtes, ●   ● j'ai besoin d'un four.

Pour râper du fromage, ●   ● j'ai besoin d'un couteau.

Pour manger un yaourt, ●   ● j'ai besoin d'un fouet.

Pour servir la soupe, ●   ● j'ai besoin d'une râpe.

Les repas

4 Pour préparer les repas de la journée :

→ je fais des propositions à mon camarade de classe pour
le petit déjeuner et le déjeuner ;
→ j'entoure ses choix ;
→ il fait des propositions pour le goûter et le dîner ;
→ il entoure mes choix.

→ *– Pour le petit-déjeuner, tu veux du fromage blanc, un yaourt*
ou un verre de lait ?
– Du fromage blanc !

Petit-déjeuner	- thé - café - chocolat	- tartines de pain - croissants - pain grillé	- beurre - confiture de fraise - miel	- jus d'orange - jus de pamplemousse - fruits frais
Déjeuner	- salade de tomates - pâté - soupe de légumes	- poisson pané - steak haché - poulet	- frites - haricots verts - carottes	- salade de fruits - tarte aux pommes - mousse au chocolat
Goûter	- jus de pomme - jus d'ananas - jus d'abricot	- brioche - pain de mie - crêpes	- chocolat - beurre de cacahuète - sirop d'érable	- yaourt - fruits secs - compote
Dîner	- soupe à l'oignon - quiche - salade niçoise	- jambon cru - jambon blanc - tomates farcies	- salade verte - riz - pâtes	- roquefort - camembert - gruyère

Les habitudes

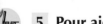

5 Pour aider Alex à changer ses habitudes :

→ je conjugue les verbes à la forme qui convient pour donner
des conseils.

Le matin, ... (prendre) le temps de faire un bon
petit-déjeuner.

À la récréation, ... (éviter) la barre de chocolat,

.... (manger) une pomme !

Le midi, ... (éviter) le fast-food, ... (rentrer)

à la maison ou .... (manger) à la cantine.

Le soir, ... (faire) un effort pour manger des légumes.

.... (faire) un peu de sport, c'est bon pour la santé !

Les conseils

6 **Pour donner de bons conseils :**

→ je complète les phrases avec : *as besoin*, *dois*, *faut*, *suffit*.

Pour bien commencer la journée, tu .... d'un bon petit-déjeuner.

Pour avoir une vie saine, il .... manger équilibré et faire un peu de sport.

Dans une journée, tu .... manger des protéines, des lipides et des glucides.

Pour en savoir plus, il .... de lire « Équilibre tes menus ».

Quantité

7 **Pour comparer mon hygiène de vie avec celle de mes camarades :**

→ j'indique ma réponse dans chaque case : *pas assez, pas beaucoup, peu, beaucoup, trop* ;
→ j'interroge 3 camarades de classe ;
→ je note les réponses de mes camarades ;
→ j'entoure nos points communs.

→ *– Tu manges des sucreries ?*
– Oui, un peu. /Non, pas beaucoup.

	Moi			
Manger des sucreries				
Boire des sodas				
Manger des légumes				
Boire de l'eau				
Faire de l'exercice				

Vie saine

8 **Pour avoir une vie saine :**

→ je remets les phrases dans l'ordre ;
→ je les classe dans le tableau ci-dessous.

1. gras manger trop
2. 5 par fruits manger et jour légumes
3. chose toujours la manger même
4. repas entre les grignoter

5. des sodas boire
6. d'eau beaucoup boire
7. la consommation de sucre limiter de sel et

Pour avoir une vie saine

Il faut	Il faut éviter de

Devinettes

9 **Pour faire deviner un plat :**

→ je fais une fiche avec le nom du plat, les ingrédients
et les ustensiles nécessaires ;
→ mon camarade pose des questions pour deviner mon plat ;
→ je réponds par *oui* ou *non*.

→ *– Pour faire ton plat, tu as besoin d'œufs ?*
– Oui/Non.

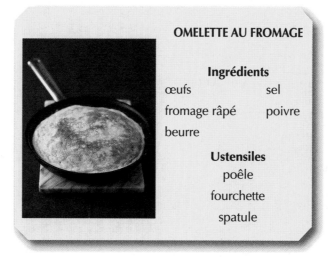

OMELETTE AU FROMAGE

Ingrédients

œufs	sel
fromage râpé	poivre
beurre	

Ustensiles

poêle

fourchette

spatule

Les courses

10 **Pour commander les courses :**

→ j'indique les quantités voulues dans le tableau A ;
→ mon camarade indique les quantités voulues dans le tableau B ;
→ je demande les quantités voulues à mon camarade ;
→ je note les quantités et on inverse les rôles.

→ *– Je voudrais 1 kilo de semoule, 6 œufs et 3 bouteilles de lait s'il vous plaît !*
– 1 kilo de semoule, 6 œufs et 3 bouteilles de lait, c'est noté !

A.

Quantité	Aliment
	Farine
	Courgette
	Beurre
	Jus d'orange
	Huile
	Viande hachée
	Miel
	Jambon blanc

B.

Quantité	Aliment
	Sucre
	Haricot vert
	Crème fraîche
	Jus d'abricot
	Vinaigre
	Gruyère râpé
	Confiture
	Jambon cru

 Je peux aussi m'entraîner avec le cédérom.

3ᴱ DÉFI : JE DÉCOUVRE DES SPÉCIALITÉS GASTRONOMIQUES

Ici et ailleurs : la gastronomie

1 Pour comparer les spécialités gastronomiques dans le monde :

→ je complète le tableau suivant à partir du document 1 dans mon livre.

						Colle le drapeau de ton pays
Nom du pays	Burkina Faso	La Mexice	la Chine	le Mora	La Franc	Le Canada
Nom du plat	Le tô	Tacos	Un santé de légume	Couslas	Poulet-Frites	Pootine
Ingrédients principaux	Tomates Poissin sech Piment Haricot sech	Avocats Pimen Mais Viande	Legumes Riz	Viande Legumes	Poulet Frites Pomme de Terre	Frites Fromage
Ton expérience/ avis	N/A	c'est Bon	c'est Bon	N/A	C'est Bon	C'est Bon

2 Pour comparer les plats français connus à l'étranger et ceux connus dans ma classe :

→ j'écris *oui* si je connais le plat ;
→ j'écris *non* si je ne connais pas le plat ;
→ j'interroge 3 camarades ;
→ avec mes camarades, je fais une liste de plats de mon pays connus à l'étranger.

	Moi			
Le bœuf bourguignon	Non			
Le cassoulet	Non			
La tarte tatin	Oui			
La mousse au chocolat	Oui			
Les terrines	Non			
Les cuisses de grenouilles				
Les crêpes suzettes				
Les escargots de Bourgogne				
Le millefeuille				

PRODUCTION ORALE   25 POINTS

A. ENTRETIEN DIRIGÉ

1. Vous vous appelez comment ?
2. Vous êtes en quelle classe ?
3. Quel est le nom de votre collège ?
4. Quel âge avez-vous ?
5. Vous avez des frères et sœurs ?
6. Quel est votre loisir préféré ?
7. Quel est votre plat préféré ?
8. Vous aimez les légumes ?
9. Qu'est-ce que vous détestez manger ?
10. Vous préférez cuisiner ou seulement manger ?

B. ÉCHANGE D'INFORMATIONS

À partir des mots-clés sur les cartes, vous posez des questions à l'examinateur.

Plats préférés	**Plats étrangers**	**Petit-déjeuner**

C. DIALOGUE SIMULÉ

1er choix

Vous voulez savoir si vous prenez des repas équilibrés et si vos habitudes alimentaires sont correctes.
Vous posez des questions au spécialiste (votre examinateur).

Au petit-déjeuner

À midi

Au dîner

2ᵉ choix

**C'est votre anniversaire. Votre mère vous prépare un menu de roi.
Vous essayez de deviner le contenu du menu et de quoi il est composé
(l'entrée, le plat principal et le dessert).**

UNITÉ 4
VOTRE MISSION
→ ORGANISER UN CONCOURS

Je découvre la mission

Pour découvrir la mission :

→ j'écoute l'enregistrement et j'observe la photo de la page 41 de mon livre ;
→ je cherche des indices ;
→ j'écris les indices trouvés dans le cadre ;
→ je réponds aux questions :

– Qui sont les personnes présentes ?

– Où se passe la scène ?

– Quand a lieu la scène ?

– Que se passe-t-il ?

Le equipe rouge gange

mes indices

Les rouge gange Mais les
bleus perd.

....
....
....
....

Je prépare la mission

Pour organiser un concours, je vais :
+ dire de faire/de ne pas faire ;
+ exprimer l'obligation ;
+ exprimer l'interdiction ;
+ exprimer un désaccord ; *Lissagreengt*
+ exprimer un sentiment.

Qu'est-ce que je sais faire ?	Qu'est-ce que je vais apprendre ?
Dira que on aime ou aime pas,	*Bruit*

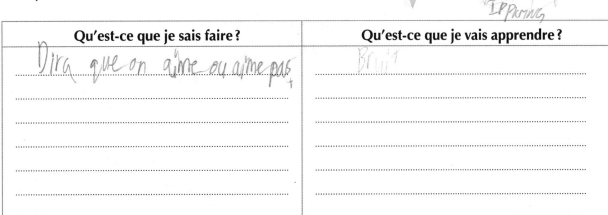

Je comprends

Pour comparer les codes de bonne conduite :

→ j'écoute et je lis les documents 1 et 2 p. 42 de mon livre ;
→ je remplis le tableau suivant ;
→ j'entoure les points communs qu'il y a avec chez moi.

Interdictions	1. de se coucher tard 2. de toucher a fait 3. de gâcher de l'eau 4. de de mentir 5. amener des ami a la maison 6. a touche l'internet 7. de mettre des vetements troues 8. de manger le fastfood
Obligations	1. de faire ses devoirs 2. de ranger new sa chambre 3. de se laver 4. d'être poli 5. de manger a le cantine est un fois par mois 6. Obelinger a le cantine 7. fais la vaisselle le mecredi 8. Geren to argent neut.

Je découvre la langue

Transcription : document 1

LE PÈRE : Je te dérange peut-être ?

LE FILS : Bah, euh, je suis en train de tchatter avec Pauline !

LE PÈRE : Tu es en train de quoi ? de tchatter ? Oui, bah, ta mère et moi, on est en train de perdre patience ! Alors, ça suffit, tu arrêtes ça tout de suite et tu m'écoutes ! Je te préviens, je suis très en colère !

Premièrement, il est interdit d'amener des amis à la maison pendant la semaine.

Deuxièmement, défense de toucher à Internet pendant la semaine.

Troisièmement, l'argent de poche, c'est une fois par mois ! Il faut gérer ton argent, mon garçon !

Quatrièmement, tu dois manger à la cantine : le fast-food, c'est mauvais pour la santé !

Cinquièmement, les fringues : interdiction de mettre des vêtements troués, c'est clair ?

LE FILS : Oui, papa, j'ai compris !

LE PÈRE : J'espère parce que j'en ai assez de ton comportement irresponsable. Tu as intérêt à obéir.

LE FILS : Oui, papa, c'est promis…

LE PÈRE : Pardon ?

LE FILS : Oui, je promets de faire le max.

LE PÈRE : Bon, parce que je suis fatigué de répéter toujours la même chose. Maintenant, va faire la vaisselle, c'est bien ton tour le mercredi, non ?

LE FILS : Oui, papa !

1 Pour découvrir la langue, je trouve dans les documents des exemples pour :

	Exprimer l'interdiction	Exprimer l'obligation	Exprimer un sentiment	Parler d'une action en cours
Document 1	Il est interdit d'amener des amis à la maison.	Il faut gérer ton argent.	Je suis très en colère.	Je suis en train de tchatter.
Document 2	Interdiction de se coucher tard.	Obligation de faire ses devoirs.		

(annotations manuscrites : Présent Progressive ; ça suffit ; j'en azzez ; Je suis fatigue de repéter toujours le même chose *)*

2 Pour compléter le tableau :

→ je note mes découvertes (en bleu) ;
→ je note mes connaissances (en rose).

Pour…	Je peux utiliser :	Je connais aussi :
exprimer l'interdiction	**Il est interdit de** + infinitif – –	
exprimer l'obligation	**Devoir** + infinitif – –	
exprimer un sentiment	**Je suis** + adjectif –	
parler d'une action en cours	**Être + en train de** + infinitif – –	

Present Progressive

Je m'entraîne

Défense d'afficher

1 Pour interdire quelque chose :

→ j'écoute l'intonation de l'exemple ;
→ en groupe, je cherche des interdictions amusantes ou absurdes ;
→ en cercle, je pioche une interdiction ;
→ j'interdis à mes camarades ce que j'ai pioché.

→ *Défense de cligner des yeux.*
Ne marchez pas sur la pointe des pieds !

2 Pour donner un ordre :

→ j'écoute les phrases ;
→ quand je reconnais un ordre, je me tourne vers mon voisin
le plus proche, et je lui répète l'ordre ;
→ je réponds à l'ordre en lui retournant la demande.

→ *Va te laver les mains ! Toi, va te laver les mains !*

À la maison

3 Pour comprendre le règlement intérieur de la maison :

→ j'observe les illustrations ci-dessous ;
→ j'écris le numéro de l'illustration à côté de la légende qui convient.

9 .... Tu ne dois pas rentrer avec tes baskets.
2 .... Tu dois ranger ta chambre.
6 .... Tu dois te doucher tous les jours.
8 .... Tu ne dois pas tirer les cheveux de ta sœur.
3 .... Tu ne dois pas traîner les pieds.
7 .... Tu ne dois pas être en retard le matin.
5 .... Tu ne dois pas passer des heures au téléphone.
1 .... Tu ne dois pas souffler quand on te parle.
4 .... Tu ne dois pas écouter la musique à fond.

①  ②

③  ④

⑤  ⑥  ⑦  ⑧  ⑨

En train de

4 **Pour jouer à la bataille verbale :**

→ je dessine secrètement un bateau dans 3 cases de la grille ;
→ je conjugue les verbes au présent progressif pour trouver les bateaux de mon camarade ;
→ si mon camarade a un bateau dans la case indiquée, il répond : « coulé » et je rejoue ;
→ s'il n'a pas de bateau dans la case indiquée, il répond « dans l'eau » et c'est à lui de jouer ;
→ le joueur qui découvre les trois bateaux de son camarade en premier gagne la partie.

	Écouter de la musique	Dormir	Réviser	Perdre patience	Tchatter
Je					
Tu					
Il/Elle/On					
Nous					
Vous					
Ils/Elles					

Dans la salle de bains

5 **Pour compléter le règlement de la salle de bains :**

→ j'exprime une obligation ou une interdiction.

1. __Obligation de__ laisser les serviettes par terre.

2. __Interdiction de__ reboucher le tube de dentifrice.

3. __Obligation de__ laisser couler l'eau du robinet.

4. __Obligation de__ rester plus de quinze minutes sous la douche.

Au cinéma

 6 Pour compléter le règlement du cinéma :

→ j'exprime une obligation ou une interdiction.

1. ....*Obligation de*........ éteindre son téléphone portable.
2. ....*Interdiction*........ parler avec son voisin.
3. ....*Tu dois*........ arriver à l'heure.

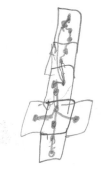

Règlement

 7 Pour expliquer le règlement de la médiathèque au nouveau :

→ je reformule le règlement.

→ *Ponctualité obligatoire : tu ne dois pas être en retard.*

Interdiction d'écouter son MP3. *Tu ne dois pas écouter son MP3*	Il est interdit de manger et de boire. *Tu ne dois pas manger et boire*
Autorisation parentale obligatoire. *Tu dois a le autorisation parentale.*	Interdiction de courir. *Tu ne dois pas courir.*
Inscription obligatoire. *Tu dois a le inscription.*	Interdiction d'écrire sur les livres. *Tu ne dois pas écrire sur les livres*

Consignes

8 Pour compléter le message des parents de Minou :

→ je conjugue les verbes entre parenthèses à l'impératif.

Minou, le matin quand ton réveil sonne, ...*lève-toi*........ (se lever)
et descends prendre ton petit déjeuner. Ensuite, ...*douch-toi*........ (se doucher),
........*sèche-toi*........ (se sécher) et ....*habille-toi*........ (s'habiller) vite.
Après le petit-déjeuner, ...*lave-toi*........ (se laver) bien les dents
et ....*peigne-toi*........ (se peigner) pour partir à l'école.
À la sortie de l'école, ...*rappel-toi*........ (se rappeler) d'attendre ton
petit frère et ....*occupe-toi*........ (s'occuper) bien de lui. Je rentre vers 18 h.

Dans ma chambre

9 **Pour formuler le code de ma chambre :**

→ j'utilise une autre expression d'interdiction ou d'obligation.

→ *Il est interdit de manger dans le salon* → *Interdiction de manger dans le salon / Défense de manger dans le salon.*

1. Il est interdit de ranger ma chambre.
2. Il est interdit de toucher à mes affaires : risque de chutes.
3. Il est obligatoire de me donner mon argent de poche chaque mois.
4. Défense de toucher à mes affaires.
5. Interdiction d'entrer aux enfants de moins de 12 ans.
6. Obligation d'écouter la musique à fond.
7. Défense d'entrer dans ma chambre, je suis au téléphone.

Grimaces

10 **Pour deviner les émotions de mon camarade de classe :**

→ j'observe mon camarade de classe mimer un des émoticones ;
→ j'identifie l'émoticone ;
→ j'interroge mon camarade de classe ;
→ j'écoute sa réponse.

→ *– Tu es en colère ?*
– Oui, je suis vraiment en colère.

DÉFI : J'ÉLABORE UN GUIDE POUR LES UTILISATEURS D'INTERNET

Je comprends

Pour compléter le guide pour les ados :

→ j'écoute et je lis les documents p. 44 de mon livre ;
→ je relève les informations nécessaires pour remplir le tableau
ci-dessous.

Pour vivre en paix avec tes parents :

À faire	À ne pas faire

Je découvre la langue

Transcription : document 1

MARIUS : Salut Simon, ça va !

SIMON : Bof ! J'en ai marre !

MARIUS : Pourquoi tu dis ça ?

SIMON : C'est mon père. Je ne peux rien faire avec lui ! Interdiction de faire ci, défense de faire ça ! C'est insupportable ! J'en ai assez, je n'en peux plus !

MARIUS : C'est toujours au sujet de l'ordi ?

SIMON : C'est horrible ! Avec son contrôle parental ! Je suis déprimé !

MARIUS : Calme-toi Simon, tu sais, les adultes ont peur de la toile ! Moi mes parents ont confiance en moi : je respecte les règles de prudence et ils savent tout.

SIMON : Ah bon, c'est génial, ça !

MARIUS : Oui, mais il faut du temps ! Fais comme moi, respecte les règles, ça rassure les parents. Tu vois ce que je veux dire :

Règle n° 1 : ne révèle jamais ton code secret, même à ton meilleur pote.

Règle n° 2 : n'ouvre jamais une pièce jointe dans un message de provenance inconnue et ne clique jamais sur un lien dans ce type de message.

Règle n° 3 : confie-toi à tes parents pour leur montrer un courrier bizarre et demande de l'aide pour bloquer les courriers indésirables. Montre que tu n'as rien à cacher.

SIMON : Tu crois ?

MARIUS : Essaye au moins.

SIMON : O. K., je vais essayer, promis, je n'ai rien à perdre de toute façon.

MARIUS : Allez, courage mon vieux ! À demain !

---

1 **Pour découvrir la langue, je trouve dans les documents des exemples pour :**

	Dire de faire	Dire de ne pas faire	Exprimer un sentiment
Document 1	*Calme-toi.*	*Ne révèle jamais ton code secret.*	*J'en ai marre !*
Document 2	*Gagne sa confiance !*	*Ne mets pas d'infos personnelles en ligne.*	*Ça m'énerve.*

2 **Pour compléter le tableau :**

→ je note mes découvertes (en bleu) ;
→ je note mes connaissances (en rose).

Pour…	Je peux utiliser :	Je connais aussi :
dire de faire	Verbe à l'impératif –	
dire de ne pas faire	**Ne** + verbe à l'impératif + **pas** –	
exprimer un sentiment	**J'en ai marre** – –	

Je m'entraîne

Je voudrais… Vas-y !

1 **Pour s'entraîner à différencier le singulier et le pluriel, à prononcer _le_ et _les_ :**

→ j'écoute ;

→ je réponds avec _le_ ou _les_.

→ *Je voudrais le livre bleu. Vas-y, prends-**le** !*
*Je voudrais des cartes. Vas-y, choisis-**les** !*

Singulier / Pluriel

2 **Pour s'entraîner à différencier le singulier et le pluriel, à prononcer _le_ et _les_ :**

→ j'écoute ;

→ avec mon voisin, je choisis si je répète le singulier ou le pluriel ;

→ je compare ce que j'ai choisi avec ce qu'il a entendu ;

→ on échange les rôles.

→ *le téléphone – les téléphones*

Liste

3 **Pour comprendre la liste des choses à faire :**

→ je conjugue les verbes entre parenthèses si nécessaire.

1. ......*monte*...... dans ta chambre ! (monter)

2. ......*essuye*......tes pieds avant d'entrer ! (essuyer)

3. Il faut ......*sort*...... (sortir) la poubelle après le dîner.

4. Tu dois ......*nettoye*...... (nettoyer) tes chaussures

5. ......*ramass*...... (ramasser) tous les papiers qui traînent !

6. Il faut ......*prend*...... (prendre) rendez-vous chez le dentiste !

7. Tu dois ......*finis*...... (finir) tes devoirs avant le début du match.

8. Il est 19 h ! ......*fait*...... (faire) vite !

Dispute

4 Pour comprendre le dialogue entre Évelyne et sa mère :

→ je complète le dialogue avec les verbes indiqués.

« – MME DINOT : _Ne lave pas_ (ne pas lever) les yeux au ciel quand je te parle. Et _ne souffle pas_ (ne pas souffler). C'est désagréable !

– ÉVELYNE : Oui bah, c'est bon, je sais !

– MME D : _Ne parle pas_ (ne pas parler) sur ce ton et _range_ (ranger) ta chambre tout de suite !

– É : _ne crie pas_ (ne pas crier) maman.

– MME D : Je suis en colère et je crie si je veux ! Ensuite _va_ (aller) te laver, dans 30 minutes on passe à table.

– É : Et ?

– MME D : Et _baisse_ (baisser) le son de ta chaîne. On ne s'entend plus dans cette maison !

– É : Oh, ça va.

– MME D : Comment ?

– É : Rien, rien…

– MME D : Allez _bouge_ (bouger) ! Et après ta douche _mets_ (mettre) la table ! »

Ne fais pas ça !

5 Pour protéger un ami, je conjugue les verbes à l'impératif négatif :

◆ mettre ses photos en ligne

◆ donner ses coordonnées personnelles

◆ tchatter avec des inconnus

◆ télécharger illégalement

◆ inscrire ses amis sur un site

◆ donner des informations sur une personne

Code

6 **Pour formuler oralement le code des parents :**

→ je fais des papiers numérotés de 1 à 6 ;
→ je pioche un numéro ;
→ je dis de faire ou de ne pas faire ;
→ mon camarade de classe répond ;
→ on inverse les rôles.

→ *– Il faut plier tes vêtements, ma chérie.*
– Oui bah, c'est bon, je sais !
– Ne me parle pas sur ce ton et plie tes vêtements !

❶  ❷  ❸

❹  ❺  ❻

D'accord ou pas d'accord

7 **Pour donner mon avis :**

→ j'écris dans la case si je suis d'accord ou pas d'accord ;
→ j'interroge mon camarade ;
→ j'écris ses réponses.

→ *Dans une famille, les enfants décident du programme télévisé.*
– Tu es d'accord ?
– Je suis d'accord/Je ne suis pas d'accord.

Dans une famille :	Moi	Mon camarade de classe
- les parents décident des activités du week-end.	Je ne suis pas accord	X
- les enfants occupent longtemps la salle de bains.	Je suis d'accord	X
- les parents font les tâches ménagères.		X
- l'argent de poche est toujours un problème.	✓	X
- les aînés s'occupent des petits.	X	X
- on choisit le lieu de vacances tous ensemble.	✓	X

Génial !

8 **Pour exprimer un sentiment :**

→ j'écris une bonne ou une mauvaise nouvelle sur un papier ;
→ j'annonce la nouvelle à mon camarade de classe ;
→ j'écoute sa réaction ;
→ on inverse les rôles.

→ *– Le prof de maths est absent aujourd'hui.*
– C'est génial !

Sentiments

9 **Pour réagir dans certaines situations :**

→ je complète le texte avec les mots suivants : *marre de* ; *en ai assez de* ; *insupportable* ; *horrible* ; *fatigué de* ; *génial* ; *m'énerve* ; *injuste* ; *content*.

1. *Tu es prêt. Tu vas sortir. Ta mère te donne un billet de 10 euros.*

– Quoi ? C'est tout ? Je ne peux rien faire avec ça !

J'en ai ____marre de____ demander de l'argent à chaque fois.

2. *Tu rentres chez toi. Ton petit frère utilise ton MP3.*
Il a la permission de ta mère !

– C'est ____injuste____. Il est à moi ! J'____en ai azzez____ voir

mes affaires chez les autres !

3. *Tes parents t'offrent une nouvelle paire de baskets branchées.*

– C'est ____génia____ ! Vraiment, merci ! Je suis super ____content____

4. *Tu apprends que ton meilleur ami a la varicelle.*

– C'est ____horrible____ ! Il n'a vraiment pas de chance !

5. *Tu veux parler à ton ami au téléphone. Ta petite sœur fait de la flûte à côté de toi.*

– C'est ____insupportable____ ! Je n'entends rien ! Je suis _____

cette musique !

6. *Ta famille déménage encore une fois. C'est la 3e fois cette année.*

– Oh non, ce n'est pas possible ! Ça _____

de déménager tout le temps !

 Je peux aussi m'entraîner avec le cédérom.

3ᴱ DÉFI : JE DÉCOUVRE LES BONNES MANIÈRES DANS LE MONDE

Les bonnes manières, ici et ailleurs

1 Pour compléter les mots-croisés :

→ je réécoute la chanson de Zaz ;
→ je lis les indices ci-dessous ;
→ je retrouve les mots.

1. Personnes qui travaillent dans un château.
2. Organe qui bat quand on est vivant.
3. $, £, €.
4. Grande vieille habitation.
5. Accessoires précieux : collier, bracelet, bagues…
6. Contraire de malheur.
7. Il n'est pas en prison, il est en … .
8. La tour … est un monument célèbre à Paris.
9. Grande chambre dans un hôtel.
10. J'en ai assez ou j'en ai … .
11. Sentiment quand on aime quelqu'un.

2 Pour comparer les bonnes manières en France, ailleurs et dans ma classe :

→ je lis chaque bonne manière ;
→ je me demande si cette bonne manière existe en France et dans mon pays ;
→ j'écris *oui* ou *non* dans la case ;
→ je compare mes réponses avec celles de mon camarade de classe.

En France	Dans mon pays	Ailleurs
		Au Japon, quand on reçoit un cadeau, on ne doit pas l'ouvrir tout de suite.
On ne doit pas téléphoner chez quelqu'un après 22 heures.		
		En Grèce, on lève la tête de bas en haut pour dire « non ».
Dans la rue ou dans les transports publics, on ne doit pas dévisager une personne.		
		En Inde, on ne doit pas utiliser la main gauche pour donner un objet ou de l'argent à quelqu'un.
		En Suède, pour se saluer, on se serre dans les bras l'un de l'autre.

PRODUCTION ÉCRITE

25 POINTS

EXERCICE 1

(10 points)

Vous lisez ce message. Répondez aux questions.

De : pauline@mel.fr
Date : 29/08/2010 17:12
À :
Objet : Questionnaire

Supprimer Indésirable Répondre Rép. à tous Réexpédier Imprimer

Bonjour à tous et à toutes !
Je me présente : Pauline, étudiante en pédagogie.
J'ai besoin de votre aide pour un travail sur la relation parents-ados.
Merci de répondre à ce petit questionnaire.
Merci d'avance,

Pauline

NOM et prénom : ....

Tu as quel âge ? ....

Tu as combien de frère(s) et sœur(s) ? ....

Décris ta relation avec tes parents avec deux ou trois adjectifs :

....

....

Qu'est-ce que tes parents aiment ou n'aiment pas chez tes amis ? ....

....

....

Donne deux conseils pour une bonne relation entre un adolescent et ses parents :

....

....

EXERCICE 2

(15 points)

Vous revenez d'un séjour à l'étranger. Vous envoyez un message électronique à votre meilleur ami pour lui parler du nouveau pays découvert et des bonnes manières à respecter là-bas.

Choisissez le pays.

Indiquez 3 choses à faire et 3 choses à ne pas faire pour respecter les bonnes manières et ne pas choquer les habitants de ce pays.

UNITÉ 5
VOTRE MISSION

→ ORGANISER UNE FÊTE

Je découvre la mission

Pour découvrir la mission :

→ j'écoute l'enregistrement et j'observe
la photo de la page 51 de mon livre ;
→ je cherche des indices ;
→ j'écris les indices trouvés dans le cadre ;
→ je réponds aux questions :

– Qui sont les personnes présentes ?

– Où se passe la scène ?

– Quand a lieu la scène ?

– Qu'est-ce qui se passe ?

mes indices

....

....

....

....

Je prépare la mission

Pour organiser la fête, je vais :

✦ prendre rendez-vous ;
✦ énumérer des activités de fête ;
✦ parler des activités que j'aime ;
✦ faire des propositions ;
✦ indiquer l'heure des activités de la fête ;
✦ indiquer la durée et la fréquence
des activités de la fête.

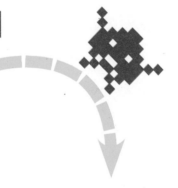

Qu'est-ce que je sais faire ?	Qu'est-ce que je vais apprendre ?

Je comprends

Pour aller à la bibliothèque avec Jules :

→ je lis et j'écoute les documents p. 52 de mon livre ;
→ je fais une liste des activités ou rendez-vous de Jules ;

....

....

....

....

....

→ je complète l'emploi du temps de Jules ;
→ je trouve une heure pour aller à la bibliothèque avec Jules
(les espaces en gris sont réservés à l'école).

›HORAIRES‹	›Lundi	›Mardi	›Mercredi	›Jeudi	›Vendredi	›Samedi	›Dimanche
08h30 09h25							
09h30 10h25							
10h30 11h25							
11h30 12h25							
12h30 13h30							
13h30 14h25							
14h30 15h25							
15h30 16h25							
16h30 17h25							
17h30 18h30							
18h30 19h30							

Je découvre la langue

Transcription 1

→ Allô Jules, c'est moi, Mamie ! Pour dimanche prochain, le concours de belote, c'est toujours d'accord, hein ? C'est à partir de 14 heures et jusqu'à 17 heures environ ! On se retrouve où ? Est-ce que ça te va à 13 h 45, à la maison ? Rappelle-moi ! Je t'embrasse.

→ Salut Jules, c'est Clément ! C'est bon, j'ai deux places pour le concert d'Oumou Sangaré. Rendez-vous samedi à 18 h chez moi, ça te va ?

→ Jules, c'est Emma ! Tu fais quoi samedi prochain ? Ca te dit d'aller au cinéma ? Tu me rappelles ! Bises !

→ Allô Jules, mais qu'est-ce que tu fais ? Il est quelle heure là ? Il est une heure moins le quart ! Heu, je te rappelle que tous les dimanches, on déjeune en famille à midi et demi ! On a faim, nous, on passe à table, hein ! Tant pis pour toi !

1 **Pour découvrir la langue, je trouve dans les documents des exemples pour :**

	Demander une information	Proposer	Donner l'heure	Indiquer la durée d'une activité
Document 1	Le concours de belote, c'est toujours d'accord, hein ?	Est-ce que ça te va à 13 h 45, à la maison ?	À 13 h 45.	C'est à partir de 14 h et jusqu'à 17 h.
Document 2				Le mardi de 16 h à 19 h.
Document 3			Dentiste à 14 h 15.	Cours de percussion entre 17 h et 18 h 30.

2 Pour compléter le tableau :

→ je note mes découvertes (en bleu) ;

→ je note mes connaissances (en rose).

Pour…	Je peux utiliser :	Je connais aussi :
demander une information	– – –	
proposer	– – –	
donner l'heure	– – –	
indiquer la durée d'une activité	– – –	

Je m'entraîne

Quelle est la bonne voyelle ?

1 Pour différencier les voyelles nasales :

→ j'écoute ;
→ quand les mots sont identiques, je coche la case = ;
→ quand les mots sont différents, je coche la case ≠.

→ *grain – grand → ≠*

Enr.	=	≠
1.		
2.		
3.		
4.		
5.		
6		

Des voyelles et des gestes

2 Pour identifier la bonne voyelle nasale :

→ j'écoute ;
→ je répète la voyelle en associant le geste qui correspond : les mains qui partent du nez vers les côtés pour [ɛ̃], les mains qui partent du nez pour aller vers le bas pour le son [ã] et les mains qui partent du nez vers l'avant pour le son [õ].

→ *grand : [ã] + geste vers le bas*

La journée de Jules

3 Pour mettre les activités dans l'ordre :

→ je relie chaque dessin à sa légende.

1.
À sept heures et quart, Jules se lève.

2.
À sept heures vingt, il prend son petit déjeuner.

3.
À huit heures moins dix, il se douche.

4.
À huit heures dix, il s'habille.

5.
À huit heures trente, il entre en classe.

6.
À midi et demi, il déjeune à la cantine.

La soirée de Jules

4 **Pour mettre les activités dans l'ordre :**

→ je relie chaque dessin à sa légende.

| 1. À dix-sept heures, il sort du collège. | 2. À dix-sept heures quarante-cinq, il fait ses devoirs. | 3. À dix-neuf heures trente, il dîne avec ses parents. | 4. À vingt heures dix, il se brosse les dents. | 5. À vingt heures vingt, il se couche et lit. | 6. À vingt et une heures, il s'endort. |

L'emploi du temps des parents

5 **Pour compléter les textes :**

→ je conjugue les verbes au présent.

– Mon père est infirmier : il (se lever) .... à 18 h 30, il (se doucher) .... à 18 h 45, il (prendre) .... son petit déjeuner à 19 h 00, il (partir) .... au travail à 20 h, il (déjeuner) .... à minuit et demi, il (rentrer) .... du travail à 06 h 30, il (dîner) .... à 8 h 30, il (se coucher) .... à 10 h 30.

– Mon père est boulanger : il (se lever) .... à 3 h 15, il (prendre) .... son petit déjeuner à 3 h 30, il (partir) .... au travail à 4 h, il (déjeuner) .... à 9 h 30, il (rentrer) .... du travail à 12 h 45, il (dîner) .... à 18 h 30, il (se doucher) .... à 19 h 45, il (se coucher) .... à 21 h 00.

– Ma mère est professeur des écoles : elle (se lever) .... à 7 h 00, elle (prendre) .... son petit déjeuner à 7 h 15, elle (se doucher) .... à 7 h 30, elle (partir) .... au travail à 8 h 15, elle (déjeuner) .... à 12 h 30, elle (rentrer) .... du travail à 17 h 00, elle (dîner) .... à 19 h 30, elle (se coucher) .... à 23 h 30.

Un dimanche chez Paulo

6 Pour compléter le dialogue:

→ je complète avec le bon mot interrogatif:
quoi; qu'est-ce que; où; à quelle heure; est-ce que.

LA MÈRE: – Paulo! Tu es .... ?

PAULO: – Je suis dans ma chambre.

LA MÈRE: – Et tu fais .... ?

PAULO: – Je fais mes devoirs.

LA MÈRE: – .... tu veux aller au cinéma cet après-midi?

PAULO: – Ah, ouais!

LA MÈRE: – .... tu veux aller voir?

PAULO: – *Les Beaux gosses*!

LA MÈRE: – .... tu veux y aller? Le film passe à 14 h 10, 16 h 20 ou 18 h 30.

PAULO: – À 16 h 20, c'est bien.

LA MÈRE: – On y va à pied?

PAULO: – Ouais, ouais! Maman, tu peux me laisser finir mes devoirs, là?

LA MÈRE: – Oui, oui! excuse-moi!

Les horaires dans le monde

7 Pour compléter les informations:

→ j'utilise la bonne expression de temps.

En France, on peut acheter du pain .... de 7 h, on peut prendre le petit-déjeuner dans un café .... à 11 h 30, on peut déjeuner dans un restaurant .... 12 h et 14 h 30 et on peut dîner .... 19 h à 22 h.

En Espagne, on peut déjeuner dans un restaurant de 13 h 30 .... 16 h et on peut dîner .... de 21 h et .... à minuit.

Aux États-Unis, on peut déjeuner dans un restaurant .... 11 h et .... 13 h 30 et on peut dîner .... 18 h .... 21 h.

L'heure du rendez-vous

8 Pour être à l'heure au rendez-vous:

→ je dessine une horloge avec l'heure d'un rendez-vous sur un papier;
→ j'interroge un camarade de classe;
→ il me donne l'heure du rendez-vous;
→ on inverse les rôles et on fait circuler les papiers.
→ *– On se retrouve à quelle heure?*
– À deux heures et demie.

Les réveils de monsieur Fernandez

9 Pour raconter les réveils de Monsieur Fernandez :

→ je sélectionne le verbe qui convient et je conjugue au présent : *commencer, se raser, se laver, s'habiller, prendre, écouter, se lever, se diriger, se doucher, sortir, prendre.*

Tous les matins, à 6 h 30, monsieur Fernandez ....
Entre 6 h 30 et 6 h 40, il .... De 6 h 40 à 7 h,
il .... et .... De 7 h à 7 h 15,
il .... la radio et .... son petit-
déjeuner. Après son petit-déjeuner, il .... les dents.
Ensuite, il .... de chez lui et ....
vers la gare. À 7 h 31, il .... le train et à 8 h,
il .... sa journée de travail.

Le lieu du rendez-vous

10 Pour compléter le planning des activités de la semaine :

→ j'interroge mon camarade.

– *On fait quoi lundi ?*   – *On se retrouve où, mardi ?*   – *C'est à quelle heure, mercredi ?*
– *On va se baigner !*   – *Devant le cybercafé.*   – *À 13 h 30.*

Jour	Activité	Lieu du rendez-vous	Heure du rendez-vous
Lundi	Se baigner		17 h 30
Mardi		Devant le cybercafé	17 h 15
Mercredi		Devant la poste	13 h 30
Jeudi	Préparer notre exposé		
Vendredi	Faire un match de tennis	Devant le gymnase	
Samedi			
Dimanche	Voir un film	Devant le cinéma	

Jour	Activité	Lieu du rendez-vous	Heure du rendez-vous
Lundi	Se baigner	Devant la piscine	
Mardi	Jouer en réseau	Devant le cybercafé	
Mercredi	Faire une randonnée dans la forêt		13 h 30
Jeudi		Devant la bibliothèque	17 h
Vendredi			16 h 45
Samedi	Faire les boutiques	Devant le collège	15 h
Dimanche			14 h 15

DÉFI : JE PARTICIPE À UN FORUM

Je comprends

Pour trouver les activités communes :

→ je lis le document p. 54 de mon livre ;
→ je coche les activités du week-end des internautes ;
→ je coche mes activités du week-end.

Ce week-end, qui va…	Emma74	Gifie97	Masque	Ayikpe2009	Moi
aller au cinéma ?	☐	☐	☐	☐	☐
faire ses devoirs ?	☐	☐	☐	☐	☐
aller à la mer ?	☐	☐	☐	☐	☐
faire du sport ?	☐	☐	☐	☐	☐
regarder la télévision ?	☐	☐	☐	☐	☐
utiliser Internet ?	☐	☐	☐	☐	☐
retrouver des copains ?	☐	☐	☐	☐	☐
être en famille ?	☐	☐	☐	☐	☐
faire des activités différentes ?	☐	☐	☐	☐	☐

Je découvre la langue

1 **Pour découvrir la langue, je trouve dans les documents des exemples pour :**

	Parler d'activités habituelles	Indiquer la fréquence d'une activité	Exprimer une intention
Emma74	D'habitude, je me repose.	Le samedi matin.	On va bien s'amuser.
Gifie97	Le week-end, les filles de mon âge font du shopping.	Les filles de mon âge font souvent du shopping.	
Masque	Je vais à la plage, au cinéma et au théâtre.	Je vais souvent à la plage.	Nous allons faire la fête.
Ayikpe2009	Je fais du sport.	Tous les week-ends, je me lève tôt.	

2 **Pour compléter le tableau :**

→ je note mes découvertes (en bleu) ;

→ je note mes connaissances (en rose).

Pour…	Je peux utiliser :	Je connais aussi :
parler d'activités habituelles	– – – –	
indiquer la fréquence d'une activité	– – – – – –	
exprimer une intention	–	

Je m'entraîne

Bien lire les voyelles nasales

1   Pour reconnaître les voyelles nasales à l'écrit:

→ j'écoute les mots;
→ je relie les mots à leur prononciation;
→ j'entoure les lettres qui permettent d'écrire la voyelle nasale.

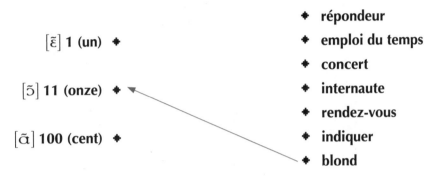

[ɛ̃] 1 (un) •

[ɔ̃] 11 (onze) •

[ɑ̃] 100 (cent) •

   • répondeur
   • emploi du temps
   • concert
   • internaute
   • rendez-vous
   • indiquer
   • blond

Les voyelles nasales et l'orthographe

2   Pour identifier l'écriture des voyelles nasales:

→ j'écoute les mots;

1. → j'entoure les mots qui contiennent le son [ɛ̃];
   → je souligne les lettres qui correspondent au son [ɛ̃].

indice	document	apprendre	informer	mission
permanence	prochain	chemin	lundi	vingt

2. → j'entoure les mots qui contiennent le son [ɑ̃];
   → je souligne les lettres qui correspondent au son [ɑ̃].

exposition	enfant	échange	Malien	comment
vendredi	maman	copain	action	important

3. → j'entoure les mots qui contiennent le son [ɔ̃];
   → je souligne les lettres qui correspondent au son [ɔ̃].

Benjamin	français	éducation	cinq	trente
récréation	situation	anglais	dimanche	train

Mots croisés

3 **Pour compléter la grille :**

→ je trouve les mots qui correspondent aux définitions.

① Instrument de musique à cordes

② Presque toujours

③ Pour voir un film, on peut aller au ....

④ Événement sportif

⑤ Aujourd'hui, c'est mon ...., j'ai 12 ans.

⑥ Activité saine

⑦ Une des quatre saisons

⑧ Pas très souvent

⑨ De temps en temps

⑩ Une des quatre saisons

Les activités quotidiennes

4 **Pour parler des habitudes quotidiennes :**

→ je jette les dés ;
→ je fais des phrases.

→ *Je me promène tous les samedis.*

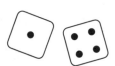

Dé 1	Dé 2
⚀ Je	⚀ Se lever tôt tous les jours
⚁ Tu	⚁ Se doucher tous les matins
⚂ Il ou elle	⚂ S'habiller en bleu
⚃ Nous	⚃ Se promener le samedi
⚄ Vous	⚄ Se coucher tôt en semaine
⚅ Ils ou elles	⚅ S'endormir vite

Les activités du week-end

5 Pour parler de mes activités du week-end avec un camarade :

→ je coche mes activités habituelles du week-end dans le tableau
ci-dessous ;
→ j'ajoute une activité que je fais habituellement ;
→ j'interroge un camarade de classe sur ses activités ;
→ je coche les réponses de mon camarade dans le tableau ;
→ j'entoure nos points communs.

→ *– Est-ce que tu vas au cinéma le week-end ?*
– Oui souvent/parfois/– Non rarement/jamais !

Activités	souvent	parfois	rarement	jamais
Aller au cinéma				
Aller au théâtre				
Faire du sport				
Se promener				
Regarder la télé				
Surfer sur Internet				
Lire				
....				

Les bonnes intentions

6 Pour trouver mon alter ego des bonnes intentions :

→ je coche dans le tableau ci-dessous mes 3 principales bonnes
intentions pour les prochains mois ;
→ j'interroge les 3 membres de mon groupe, je note les réponses ;
→ je retrouve nos points communs.

→ *– Quelles sont tes principales bonnes intentions ?*
– Je vais ranger ma chambre toutes les semaines et je vais parfois
nettoyer mes chaussures.

	Moi...			
Faire ses devoirs tous les soirs.				
Faire son lit tous les matins.				
Toujours laisser sa place aux personnes âgées dans le bus.				
Nettoyer parfois ses chaussures.				
Ranger souvent sa chambre.				
Faire rarement le ménage.				

Les habitudes dans quelques pays du monde

7 **Pour compléter les informations :**

→ je conjugue les verbes au présent.

En France, tous les premiers mercredis du mois, à midi pile, on (entendre) .... la sirène des pompiers.

En Turquie, tous les 10 novembre, à 9 h, on (faire) .... une minute de silence.

Au Mexique, tous les 15 septembre, à 23 h, on (lancer) .... un cri : *El grito de dolores.*

En Grèce, le lundi de Pâques, on (peindre) .... les œufs en rouge et on (faire) .... voler des cerfs-volants.

En Espagne, à Noël, on (manger) .... du turrón.

Au Japon, au printemps, on (admirer) .... les cerisiers en fleurs.

Le programme d'un week-end à la campagne

8 **Pour échanger avec mon camarade les horaires des activités du week-end :**

→ je choisis et j'entoure l'heure des trois activités du samedi ;
→ mon camarade choisit et entoure l'heure des trois activités du dimanche ;
→ je lui dis à l'oreille les heures des activités du samedi ;
→ il entoure les heures entendues ;
→ il me dit les heures des activités du dimanche à l'oreille ;
→ j'entoure les heures entendues.

→ *– Dimanche, on va pique-niquer à 12 h 30.*

Samedi			Dimanche		
Pêcher	**Faire un match de volley**	**Faire une soirée dansante**	**Faire une promenade dans la forêt**	**Pique-niquer**	**Faire un loto**
De 14 h à 16 h 30	À 17 h 15	À partir de 20 h 30	De 11 h 00 à 12 h 30	À 12 h 30	De 14 h 30 à 17 h
Entre 14 h 15 et 16 h 45	À 17 h 30	À partir de 21 h 30	Entre 11 h 15 et 12 h 45	À 12 h 45	Entre 14 h 45 et 17 h 15
À partir de 14 h 30 et jusqu'à 17 h	À 17 h 45	À partir de 22 h 30	À partir de 11 h 30 et jusqu'à 13 h	À 13 h 00	À partir de 15 h 00 et jusqu'à 17 h 30

Les activités habituelles

9 **Pour compléter le tableau ci-dessous :**

→ j'interroge mes camarades ;
→ j'écris le nom de mon camarade si sa réponse est *Oui*.

→ *– Est-ce que tu te réveilles avant 10 h le week-end ?*
– Oui/Non.

Je trouve quelqu'un qui…	Prénom des membres du groupe
se lève entre 7 h et 7 h 30 en semaine.	
se réveille après 10 heures le week-end.	
se douche avant le petit déjeuner.	
s'habille tous les jours en jean.	
s'endort avec un livre.	
se promène à vélo le week-end.	
se baigne dans la mer tous les étés.	

Un nouveau surveillant

10 **Pour compléter le dialogue :**

→ je conjugue les verbes au présent.

– Comment se passe une journée dans ce collège ?

– Eh bien, c'est simple, le matin, les élèves (se lever) ....
à 7 h, ils (se doucher) .... entre 7 h et 7 h 30. À 8 h,
ils (prendre) .... le petit déjeuner, à 8 h 30, ils (se laver)
.... les dents et à 8 h 45, ils (être) ....
en cours.

Le soir, ils (sortir) .... de cours à 17 h,
ils (se détendre) .... un quart d'heure
et à 17 h 15, ils (aller) .... à l'étude. Ils (dîner)
.... à 19 h. À 20 h, ils (faire) ....
leur toilette et à 21 h, ils (se coucher) ....

 Je peux aussi m'entraîner avec le cédérom.

3ᴱ DÉFI : JE DÉCOUVRE D'AUTRES RYTHMES SCOLAIRES

Les emplois du temps, ici et ailleurs

1 Pour savoir comment c'est ailleurs :

→ j'observe l'emploi du temps de collégiens en France,
en Roumanie et au Japon ;
→ j'observe mon emploi du temps ;
→ je coche les réponses correctes.

Dans...	le collège français	le collège roumain	le collège japonais	mon collège
1. Les élèves passent le plus de temps à l'école.	☐	☐	☐	☐
2. Les élèves de 11/12 ans apprennent deux langues vivantes étrangères.	☐	☐	☐	☐
3. Les élèves se lèvent le plus tôt.	☐	☐	☐	☐
4. Les élèves n'ont pas cours l'après-midi.	☐	☐	☐	☐
5. Les élèves n'ont pas cours le mercredi après-midi.	☐	☐	☐	☐
6. Les élèves finissent le plus tard.	☐	☐	☐	☐

2 Pour jouer aux mots mêlés :

→ je cherche 10 matières scolaires dans la grille ;
→ je les entoure.

```
M W Q H I S O R I E N S D
A A T E C H N O L O G I E
T D T D E S S E I N T Y D
C S B H A N G L E J F E E
E C I I E F R A N C A I S
I I O S V M Z I P J L H S
G E L T R A A N M U S P I
O N N O F E N T D X O A N
L C X I E P G I I L E R E
O E L R D S L B C Q U G E
I S E E M A A T H E U O S
B E O E U Q I S U M C E O
N R K H P A S R G O E G S
```

COMPRÉHENSION DE L'ORAL   25 POINTS

**Répondez aux questions en cochant (☑) la bonne réponse,
ou en écrivant l'information demandée.**

EXERCICE 1

**Vous allez entendre 2 fois un document. Vous aurez 30 secondes
de pause entre les 2 écoutes puis 30 secondes pour vérifier vos réponses.
Lisez les questions.**

**Vous écoutez une émission à la radio. Complétez les fiches
des candidats.**   **(10 points)**

Prénom	Nathalie
Âge	
Profession	
Sport pratiqué	
Loisirs	

Prénom	Pablo
Âge	
Profession	
Sport pratiqué	
Loisirs	

EXERCICE 2

**Vous allez entendre 2 fois un document. Vous aurez 30 secondes
de pause entre les 2 écoutes puis 30 secondes pour vérifier vos réponses.
Lisez les questions.**

Vous écoutez ce dialogue. Cochez les bonnes informations.   **(5 points)**

Quel est le lieu du spectacle ?		Quel est le jour du spectacle ?		Quelle est l'heure du rendez-vous ?	
Au Casino de Paris		Jeudi soir		20h15	
Au Stade de France		Vendredi soir		20h45	
Au Bataclan		Samedi soir		21h15	
À l'Olympia		Dimanche soir		21h45	

Quelle est l'heure du spectacle ?		Quel est le prix du spectacle ?	
20h15		30 euros	
20h30		32 euros	
21h		36 euros	
21h30		38 euros	

EXERCICE 3

**Vous allez entendre 2 fois un document. Vous aurez 30 secondes
de pause entre les 2 écoutes puis 30 secondes pour vérifier vos réponses.
Lisez les questions.**

**Vous écoutez ce message laissé sur votre répondeur.
Répondez aux questions.**

1 Pour faire la salade niçoise, Thibault va utiliser quels ingrédients ?   **(4 points)**

  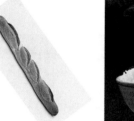  

2 Pour le repas du soir, qu'est-ce que Thibault va acheter ?   **(2 points)**

 EXERCICE 4

**Vous allez entendre 2 fois un document. Vous aurez 30 secondes
de pause entre les 2 écoutes puis 30 secondes pour vérifier
vos réponses. Lisez les questions.**

**Vous écoutez ce message laissé sur votre répondeur.
Cochez les bonnes réponses.**   **(4 points)**

Quel est le cadeau ?
Un bouquet de fleurs ☐
Un foulard ☐
Un livre ☐
Une invitation au restaurant ☐

Ça se passe quel jour ?
Mercredi soir ☐
Jeudi soir ☐
Vendredi soir ☐
Samedi soir ☐

Ça se passe où ?
Au malin ☐
Au marin ☐
Au marais ☐
Au matin ☐

**Quelle est l'heure de la réservation
au restaurant ?**
7 heures et demie ☐
8 heures moins le quart ☐
8 heures et quart ☐
8 heures et demie ☐

PRODUCTION ORALE   25 POINTS

A. ENTRETIEN DIRIGÉ

Vous répondez aux questions de l'examinateur sur vous et votre famille.

> Exemples de questions :
> – Vous vous appelez comment ?
> – Vous êtes en quelle classe ?
> – Vous avez des frères et sœur ? Ils ont quel âge ?
> – Ils font quoi vos parents dans la vie ?
> – Vous habitez où ?
> – Décrivez-moi votre chambre.
> – Quels sont vos loisirs ?
> – Quel est votre acteur préféré ?
> – Quel est votre chanteur préféré ?
> – Quel est votre groupe préféré ?

B. ÉCHANGE D'INFORMATIONS

Pour remplir le document ci-dessous, interrogez votre examinateur.

Nom :

Prénom :

Date de naissance :

Adresse postale :

Adresse électronique :

Numéro de téléphone :

Nationalité :

Situation de famille :

C. DIALOGUE SIMULÉ OU JEU DE RÔLE

Vous voulez acheter des vêtements. À partir des images que l'examinateur vous a remises, vous vous informez sur la qualité, le prix, la taille, la couleur des produits. Vous montrerez que vous êtes capable d'utiliser les formules de politesse.

UNITÉ 6

VOTRE MISSION

→ FAIRE UN ALBUM PHOTOS

Je découvre la mission

Pour découvrir la mission :

→ j'écoute l'enregistrement et j'observe
la photo de la page 61 de mon livre ;
→ je cherche des indices ;
→ j'écris les indices trouvés dans le cadre ;
→ je réponds aux questions :

– Qui sont les personnes présentes ?

– Où se passe la scène ?

– Quand a lieu la scène ?

– Qu'est-ce qui se passe ?

mes indices

....

....

....

....

Je prépare la mission

**Pour faire l'album photos de la classe,
je vais :**

◆ commenter une photo ou une illustration ;
◆ caractériser des personnes ou des lieux
sur une photo ;
◆ raconter un épisode scolaire ;
◆ donner une information de temps ;
◆ localiser des personnes, des objets ou des lieux.

Qu'est-ce que je sais faire ?	Qu'est-ce que je vais apprendre ?
....	....
....	....
....	....
....	....
....	....
....	....

Je comprends

Pour résoudre l'énigme :

→ je lis le document p. 62 de mon livre ;
→ je lis les indices ;
→ je complète le tableau ;
→ je propose une solution.

Couleur de la maison	jaune	bleu	rouge	vert	gris
Nationalité					
Événement marquant					
Lieu de vacances					
Animal de compagnie					

Je découvre la langue

1 Pour découvrir la langue :

→ j'observe les exemples ;
→ je trouve dans le document d'autres exemples.

	Localiser dans une ville ou un pays	Donner une information de temps	Raconter des faits passés	Localiser quelque chose ou quelqu'un
Document	*Au Mali.*	*En 1999.*	*L'Australien a remporté un concours de danse.*	*Dans la maison rouge.*

2 Pour compléter le tableau :

→ je note mes découvertes (en bleu) ;
→ je note mes connaissances (en rose).

Pour…	Je peux utiliser :	Je connais aussi :
localiser dans une ville où un pays	– – – –	
donner une information de temps	– – – –	
raconter des faits passés	– – – –	
localiser quelque chose ou quelqu'un	– – –	

Je m'entraîne

J'imite, je murmure

1   Pour prononcer le son [y] :

→ j'écoute les paires de sons ;
→ je coche celui que je vais imiter ;
→ j'imite le mot sans le prononcer ;
→ mon voisin coche le mot qu'il a reconnu ;
→ on échange les rôles.

→ *pile / pull*

pari	paru
guéri	couru
vie	vue
mille	mule
frite	flûte
cire	sur

Que fais-tu ?

2   Pour prononcer les sons [y] et [i] :

→ j'écoute les questions ;
→ je trouve une réponse avec un mot qui fini en [i] ;
→ en cercle : le premier joueur lance la balle en posant
la question, les suivants y répondent. Quand on a fait le tour,
on change de question.

→ *Où es-tu ? Je suis ici / à Paris / en Birmanie.*

La vie des autres

3   Pour raconter un événement de la vie de quelqu'un :

→ je fais deux séries de papiers numérotés de 1 à 8 ;
→ je fais deux tas ;
→ je pioche un numéro dans chaque tas ;
→ je raconte l'événement avec les éléments numérotés.

→ *– Maxime a joué dans un film !*

1. Maxime	**1.** Enregistrer un disque
2. Léa	**2.** Écrire des poèmes
3. Solène	**3.** Jouer dans un film
4. Timour	**4.** Participer aux Jeux olympiques
5. Valentine	**5.** Remporter un concours de danse
6. Isabelle	**6.** Publier un roman
7. Cécile	**7.** Faire le tour du monde
8. Théo	**8.** Participer à un jeu télévisé

Kikou, l'extraterrestre

4 **Pour compléter ce courriel d'un extraterrestre en vacances sur la Terre, j'utilise *en* ou *au* :**

○ ○ ○

Supprimer   Indésirable   Répondre Rép. à tous Réexpédier   Imprimer

Chers amis,

Aujourd'hui, je suis à Ankara, ... Turquie où j'ai compris que la Terre est divisée en

5 continents : Afrique, Amérique, Asie, Europe, Océanie. Dans chaque continent, il y a différents

pays séparés par des frontières ! Oui, c'est un peu bizarre !

Dans chaque pays, les habitudes alimentaires sont différentes. En Afrique du Nord : .... Algérie,

.... Maroc, ... Tunisie, ... Libye, on mange beaucoup de couscous. En Amérique Latine : ....

Pérou, ... Argentine, ... Chili, ... Équateur, on mange beaucoup de maïs. En Asie : .... Inde,

.... Chine, ... Japon, ... Pakistan, on mange beaucoup de riz. En Europe : .... Italie, ...

Hollande, ... Suisse, ... France, on mange beaucoup de fromages. Mais dans chaque pays,

il y a des variantes.

Ils sont un peu compliqués, ces humains !

Je vous embrasse,

Kikou

Histoire

5 **Pour reconstituer l'ordre chronologique des événements historiques :**

→ je note les événements écrits au tableau ;
→ je note la date donnée par mon professeur ;
→ j'interroge les camarades de mon groupe pour trouver les autres dates ;
→ j'écoute les réponses et je note les dates ;
→ je classe les événements dans l'ordre chronologique.

→ *– La Révolution française, c'était en quelle année ?*
– Je ne sais pas./C'était en 1789.

Classement chronologique	Année	Événements

Dans quel pays ils vivent ?

6   Pour faire ce quiz culturel :

→ je complète par *à*, *au*, *en* ou *aux* ;
→ je coche la bonne réponse.

1. Marcella habite .... Buenos Aires.
Elle vit :

☐ .... Mexique.

☐ .... Argentine.

☐ .... Chili.

2. Feneke habite .... Amsterdam. Elle vit :

☐ .... Suisse.

☐ .... Belgique.

☐ .... Pays-Bas.

3. Memet habite .... Damas. Il vit :

☐ .... Syrie.

☐ .... Turquie.

☐ .... Liban.

4. Paolo habite .... New York. Il vit :

☐ .... Australie.

☐ .... Philippines.

☐ .... États-Unis.

5. Oumou habite .... Bamako. Elle vit :

☐ .... Mali.

☐ .... Sénégal.

☐ .... Côte d'Ivoire.

6. Xuy Wen habite .... Jakarta. Elle vit :

☐ .... Japon.

☐ .... Corée.

☐ .... Indonésie.

La disposition dans la classe

7   Pour trouver la place des élèves :

→ je lis les indications ;
→ j'écris le nom de chaque élève à sa place.

✦ Quentin est à gauche de Lucile.
✦ Isabelle est en face du professeur.
✦ Béatrice est entre Antoine et Isabelle.
✦ Pablo est à gauche d'Anjali.
✦ Anjali est à gauche de Lucien.
✦ Oscar est à côté de Pablo.
✦ Marius est entre Oscar et Caroline.

Bureau du prof

.... Jeanne   .... Lucile

.... Pablo   ....

Les monuments historiques

8 **Pour compléter mon tableau :**

→ je demande à mon camarade dans quel pays se trouve le site ;
→ j'écoute sa réponse ;
→ je note l'information et j'inverse les rôles.

→ *– Où se trouve Chichén Itzá ?*
– Au Mexique.

1 2 3 4 5 6

Tableau A

Photos	Nom du site	Pays où se trouve le site
1	La tour de Pise	Italie
2	La Petite Sirène	
3	La Sagrada familia	Espagne
4	Le Mont Saint-Michel	
5	Big Ben	Royaume-Uni
6	Le Parthénon	

Tableau B

Photos	Nom du site	Pays où se trouve le site
1	La tour de Pise	
2	La Petite Sirène	Danemark
3	La Sagrada familia	
4	Le Mont Saint-Michel	France
5	Big Ben	
6	Le Parthénon	Grèce

La classe

9 **Pour trouver les différences :**

→ j'observe bien les deux images ;
→ je ferme le livre ;
→ je fais la liste des différences ;
→ je vérifie.

DÉFI : JE RACONTE UN ÉPISODE DE MA VIE

Je comprends

Pour retrouver l'ordre chronologique des événements :

→ j'écoute et je lis les documents p. 64 de mon livre ;
→ je prends des notes ;
→ je classe les dessins dans l'ordre de 1 à 9.

mes notes

Je découvre la langue

Transcription : document 1

LA MÈRE : Bonsoir, mon Léo ! Tu as déjà préparé le dîner. Super ! Alors ce match ?

LÉO : Bonsoir, maman ! On a gagné !

LA MÈRE : Oh, ça n'a pas l'air d'aller, toi !

LÉO : Si, si !

LA MÈRE : Tu es sûr ? Tu as fait quoi cet après-midi ?

LÉO : Après le match, j'ai invité Mathias et Vadim à la maison. On a joué à la console. Et puis, on a décidé de sortir pour faire du skate.

LA MÈRE : Vous avez fait du skate où ?

LÉO : Ah, mais, ne t'inquiète pas, pas dans la rue !

LA MÈRE : Bon alors, il est où, le problème ?

LÉO : J'ai voulu faire une blague à Vadim. Il a fait une chute.

LA MÈRE : Tu veux dire quoi ? C'est grave ?

LÉO : Il a le bras cassé et une entorse.

LA MÈRE : Ah, ce n'est pas vrai ! Tu me rendras folle ! J'en ai assez de tes bêtises. J'appelle les parents de Vadim tout de suite…

1 Pour découvrir la langue :

→ j'observe les exemples ;
→ je trouve dans les documents d'autres exemples.

	Localiser quelque chose ou quelqu'un	Parler de quelque chose ou de quelqu'un qu'on a déjà cité	Raconter des faits passés	Exprimer la douleur
Document 1	À la maison.	Ce match.	On a gagné.	
Document 2	Chez elle.	Cette cheville.	J'ai ramassé les haricots verts.	J'ai mal à la tête.

2 **Pour compléter le tableau:**

→ je note mes découvertes (en bleu);
→ je note mes connaissances (en rose).

Pour...	Je peux utiliser:	Je connais aussi:
localiser quelque chose ou quelqu'un	– – – –	
parler de quelque chose ou de quelqu'un qu'on a déjà cité	– – – –	
raconter des faits passés	– – – –	
exprimer la douleur	–	

Je m'entraîne

Tu es déjà venu ?

1 **Pour reconnaître la phrase prononcée :**

→ avec mon camarade, on fait 6 fiches avec le numéro 1 et 6 fiches avec le numéro 2 ;
→ mon camarade pioche une fiche ;
→ il prononce la phrase avec l'élément pioché ;
→ je lève 1 doigt si j'entends [y] dans le dernier mot, je lève 2 doigts si j'entends [u] ;
→ on inverse les rôles.

→ *numéro 2*
– *Tu as perdu une poule rousse ? :* .

	1	2
Tu as perdu une poule	russe	rousse
Tu as couru au	but	bout
Tu as vu la toute petite	rue	roue
Tu as joué avec des	bulles	boules
Tu as mis un pull	dessus	dessous
Tu as vendu des	mules	moules

Pour bien lire le son [u]

2 **Pour bien lire en français :**

→ je lis les mots à voix haute ;
→ j'entoure les mots qui contiennent le son [u] ;
→ je souligne les lettres qui se lisent [u].

→ *j'éc<u>ou</u>te*

1	Révolution
2	J'ai voulu sauter.
3	La maison au bout de la rue.
4	Le pays où je veux aller.
5	J'ai choisi le pull rouge.
6	Une poule noire.

Ras-le-bol !

3 **Pour exprimer mon agacement :**

→ par groupes de 2, on prépare des numéros de 1 à 10 sur des papiers ;
→ je pioche un numéro ;
→ j'exprime mon énervement.

→ – *Ah, ce n'est pas vrai !*
– *Qu'est-ce qu'il y a encore ?*
– *Ah, ras-le-bol de ce vélo, il est nul !*

1	Vélo
2	Radio
3	Mobylette
4	Réveil
5	Ordinateur

6	Montre
7	MP 3
8	Rollers
9	Chaussures
10	Cartable

La bataille verbale

4 Pour jouer à la bataille verbale :

→ je dessine secrètement un bateau dans 3 cases de la grille ;
→ je conjugue les verbes au passé composé pour trouver les
bateaux de mon camarade ;
→ si mon camarade a un bateau dans la case indiquée, il répond :
« Coulé » ;
→ s'il n'a pas de bateau dans la case indiquée, il répond
« Dans l'eau » et c'est à lui de jouer ;
→ le joueur qui découvre les trois bateaux de son camarade
en premier a gagné.

→ *– J'ai mangé*
– Dans l'eau/Coulé !

	Manger	**Jouer**	**Dormir**	**Faire**	**Vouloir**
Je					
Tu					
Il/Elle					
Nous					
Vous					
Ils/Elles					

Alter ego

5 Pour trouver mon alter ego des expériences :

→ je coche mes expériences ;
→ j'interroge 3 camarades ;
→ je coche les réponses de mes camarades ;
→ je compte le nombre de points communs.

→ *– Est-ce que tu as déjà passé des vacances à l'étranger ?*
– Oui/Non !

	Moi			
Passer des vacances à l'étranger.				
Participer à une compétition de sport.				
Rencontrer des francophones.				
Faire une randonnée en montagne.				
Faire du camping.				
Dormir dans un hamac.				
Voyager à dos de chameaux.				

Dans la salle de sport

6 **Pour compléter la phrase du professeur d'EPS, j'utilise *ce* ou *cette* ou *ces*.**

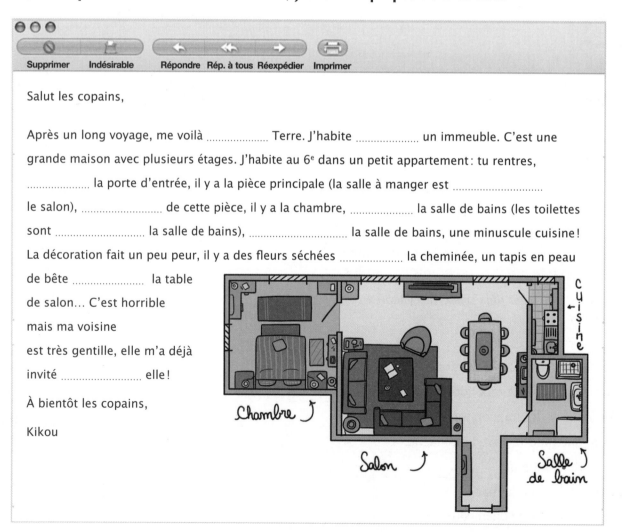

Alors, _____ foulard est à Amandine, _____ balle est à Mathieu, _____ lecteur MP3 est à Théo, _____ billes sont à Lucas et _____ mikado est à Manon.

Un mail de Kikou

7 **Pour compléter ce nouveau courriel de Kikou, un extraterrestre venu passer des vacances sur la Terre, j'utilise les prépositions de lieu.**

○○○

Supprimer   Indésirable   Répondre Rép. à tous Réexpédier Imprimer

Salut les copains,

Après un long voyage, me voilà _____ Terre. J'habite _____ un immeuble. C'est une grande maison avec plusieurs étages. J'habite au 6ᵉ dans un petit appartement : tu rentres, _____ la porte d'entrée, il y a la pièce principale (la salle à manger est _____ le salon), _____ de cette pièce, il y a la chambre, _____ la salle de bains (les toilettes sont _____ la salle de bains), _____ la salle de bains, une minuscule cuisine ! La décoration fait un peu peur, il y a des fleurs séchées _____ la cheminée, un tapis en peau de bête _____ la table de salon… C'est horrible mais ma voisine est très gentille, elle m'a déjà invité _____ elle !

À bientôt les copains,

Kikou

Chambre

Salon

Salle de bain

cuisine

Le corps d'un extraterrestre

8 Pour légender cette illustration, j'écris le nom des parties du corps correspondantes.

la jambe – le nez – l'œil – le cou – la main – la bouche – le doigt
l'oreille – le ventre – la tête – le bras

Chez le docteur

9 Pour exprimer ma douleur :

→ j'écris une partie du corps sur un papier ;
→ j'écoute la question ;
→ je dis où j'ai mal ;
→ on inverse les rôles et on fait circuler les papiers.

→ – *Qu'est-ce qui vous arrive ?*
– *J'ai mal à la tête.*

 Je peux aussi m'entraîner avec le cédérom.

3ᴱ DÉFI : JE DÉCOUVRE LE MONDE DES ANIMAUX DOMESTIQUES

Les animaux domestiques, ici et ailleurs

1 Pour faire une liste d'animaux domestiques :

→ je relève les noms d'animaux dans les documents de mon livre.

2 Pour comparer la place des animaux domestiques en France, ailleurs et dans ma classe :

→ on prépare des questions ;
→ j'interroge un camarade ;
→ on met tous les résultats en commun ;
→ on fait des pourcentages ;
→ je compare les chiffres avec ceux des documents.

3 Pour jouer aux « mimanimaux » :

→ j'observe le mime d'un camarade ;
→ je propose le nom d'un animal.

4 Pour jouer au « pendu animaux » :

→ j'observe le nombre de traits ;
→ je propose des lettres ;
→ je propose un animal.

COMPRÉHENSION DES ÉCRITS

25 POINTS

EXERCICE 1

**Lisez ce document.
Répondez aux questions.**

Les horaires au collège

Votre journée scolaire commence à 8 h 20 et se termine à 15 h 20 ou 16 h 10.
Pendant les heures de permanence, vous pouvez sortir du collège si vous avez l'autorisation de vos parents.

Les repas de midi

Vous pouvez :
• rentrer en famille si vous avez une carte de sortie ;
• apporter votre panier-repas ;
• acheter à l'école des salades, des fruits, des yaourts et des boissons chaudes ou froides.

Le sport à l'école

Pour faire du sport au collège, vous devez apporter une tenue et des chaussures de sport.
Pour la piscine, le bonnet de bain est obligatoire.

Les livres scolaires

La liste est fournie lors de l'inscription.
Une foire aux livres d'occasion est organisée chaque année.

1 Ce document s'adresse : **(2 points)**

☐ aux parents d'élèves.

☐ aux élèves.

☐ aux professeurs.

☐ à la directrice du collège.

2 Qu'est-ce qui est obligatoire dans ce collège ? **(2 points)**

☐ Une carte de sortie pour pouvoir déjeuner à la maison.

☐ Une autorisation des parents pour sortir pendant l'étude.

☐ Un bonnet de bain pour aller à la piscine.

☐ Un panier-repas pour déjeuner au collège.

3 Qu'est-ce qu'on peut acheter au collège ? **(1 point)**

☐   ☐   ☐   ☐

4 Qu'est-ce qu'on donne aux nouveaux inscrits ? **(2 points)**

☐ Des livres d'occasion.

☐ Une liste de livres.

☐ Une tenue de sport.

☐ Une boisson chaude ou froide.

EXERCICE 2

Lisez ce document. Répondez aux questions.

1 Pour un adolescent de 17 ans, quel
est le tarif d'entrée du parc ?
(1,5 point)

....

2 En octobre, on peut visiter le parc
de quelle heure à quelle heure ?
(1,5 point)

....

3 Quel est le jour de fermeture
du parc ? **(1,5 point)**

....

4 Quelle est l'adresse électronique
du parc ? **(1,5 point)**

....

Côté pratique

3 h minimum de visite pour les 25 ha / Dernière admission : 1 h avant la fermeture / Location de poussette / Prêt de jumelles / Boutique / Restauration : tous les jours du 1er juin au 31 août (restauration rapide en avril et mai) / Aires de pique-nique. Groupes : activités pédagogiques à partir de 10 personnes.

Practical side 3 am minimum of visit for 25 ha. Last admission : 1 am before the closure. Rent of stroller. Twins' loan. Shop. The Restoration : every day from June 1st till August 31st (fast food in April and May). Picnic areas.

Horaires	10h00	11h00	12h00	13h00	14h00	15h00	16h00	17h00	18h00	19h00
Février et mars										
Avril										
De mai à août										
Du 1er au 13 septembre										
Du 14 septembre au 30 novembre										
Décembre et janvier				Fermeture annuelle sauf pour les groupes.						

Fermé le mardi sauf pendant les vacances scolaires.

Tarifs	Entrée	Sup. calèche	Tarif réduit et groupe	Sup. calèche réduit et groupe	Abonnement
Adultes	10 €	3,50 €	7,80 €	3 €	33 €
Adolescents de 13 à 18 ans	7,80 €	3 €	5,50 €	3 €	
Enfants de 4 à 12 ans	5,50 €	2,80 €	3,80 €	2,30 €	16,50 €

GRATUIT pour les enfants de moins de 4 ans
Forfait famille 2 adultes + 2 enfants pour la journée : 27 €
Forfait famille calèche 2 adultes + 2 enfants : 11 €
Tarifs réduits pour les étudiants et les demandeurs d'emploi

Centre touristique et pédagogique de Chizé
79360 Villiers en Bois
GPS : 46° 08.638' 0° 23.679
Tél. 05 49 77 17 17
accueil@zoodyssee.org

www.zoodyssée.org

* Les tarifs et les horaires ne valent que pour 2010.

EXERCICE 3

Lisez ce document. Répondez aux questions.

Stages de plein-air

Cette année, ce sont les classes de 5ᵉ et de 4ᵉ qui participeront aux stages de plein air.
Le calendrier est le suivant :

Classe	Lundi 13 septembre	Mardi 14 septembre	Jeudi 16 septembre	Vendredi 17 septembre
5ᵉ A	VTT	Golf	Rollers et skateboard	Tir à l'arc
5ᵉ B	Rollers et skateboard	Tir à l'arc	Golf	VTT
4ᵉ A	Tir à l'arc	Rollers et skateboard	VTT	Golf
4ᵉ B	Golf	VTT	Tir à l'arc	Rollers et skateboard

1 Indiquez le numéro de la classe dans la case qui convient.
(4 points)

Lundi 13 septembre	....	....	....	....
Mardi 14 septembre	....	....	....	....
Jeudi 16 septembre	....	....	....	....
Vendredi 17 septembre	....	....	....	....

EXERCICE 4

Lisez ce document. Répondez aux questions.

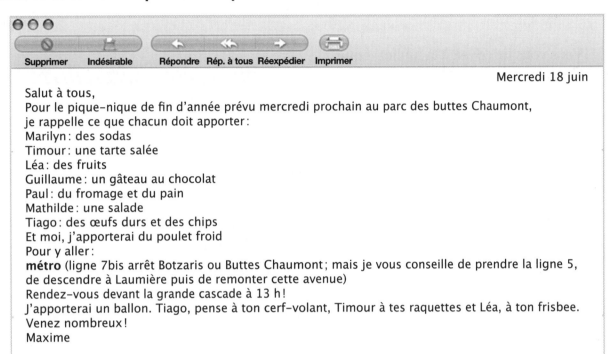

> Supprimer   Indésirable   Répondre   Rép. à tous   Réexpédier   Imprimer
>
> Mercredi 18 juin
>
> Salut à tous,
> Pour le pique-nique de fin d'année prévu mercredi prochain au parc des buttes Chaumont,
> je rappelle ce que chacun doit apporter :
> Marilyn : des sodas
> Timour : une tarte salée
> Léa : des fruits
> Guillaume : un gâteau au chocolat
> Paul : du fromage et du pain
> Mathilde : une salade
> Tiago : des œufs durs et des chips
> Et moi, j'apporterai du poulet froid
> Pour y aller :
> **métro** (ligne 7bis arrêt Botzaris ou Buttes Chaumont ; mais je vous conseille de prendre la ligne 5,
> de descendre à Laumière puis de remonter cette avenue)
> Rendez-vous devant la grande cascade à 13 h !
> J'apporterai un ballon. Tiago, pense à ton cerf-volant, Timour à tes raquettes et Léa, à ton frisbee.
> Venez nombreux !
> Maxime

1 Pour manger, qui apporte quoi ? Écrivez la réponse sous les dessins.   **(4 points)**

....

2 Pour jouer, qui apporte quoi ? Écrivez la réponse sous les dessins.   **(2 points)**

....

3 Pour être au rendez-vous, complétez le tableau suivant.   **(2 points)**

Lieu du rendez-vous	....
Date du rendez-vous	....
Heure du rendez-vous	....
Numéro de la ligne de métro conseillée	....

PRÉPARATION AU DELF

PRODUCTION ÉCRITE   **25 POINTS**

EXERCICE 1   (10 points)

**Vous vous inscrivez à la bibliothèque.
Complétez la fiche ci-contre.**

BIBLIOTHÈQUE VICTOR HUGO

☐ Mademoiselle   ☐ Madame   ☐ Monsieur

Nom : ....

Prénom : ....

Adresse mail : ....

Sexe :   ☐ féminin   ☐ masculin

J'ai 13 ans ou plus :   ☐ oui   ☐ non

Langue : ....

Adresse : ....

Ville : ....

Téléphone : ....

Date : ....   Signature :

EXERCICE 2   (15 points)

**Vous écrivez une carte postale à un ami pour lui raconter vos vacances.
Vous parlez de vos activités et vous dites quand vous rentrez de vacances
(40 à 50 mots).**

MON AUTO-DICO

Note les mots nouveaux et donne leur traduction dans ta langue.
Tu peux aussi les illustrer (dessins, collages…).

Auto-dico

Auto-dico

Auto-dico